増補新版

3.11後を生き抜く力声を持て

Kaori KANDA

神田香織

インパクト出版会

進化する香織倶楽部 …… 187

神田香織新作講談集 …… 241

プロローグ

皆さま、ようこそ、この本を手に取ってくださいました。

「3・11後を生き抜く力声《ちからごえ》を持て」なんて、とても勇ましいタイトルで驚かれたことと思います。だいたいにして「力強い声」という言い方はあっても、「力声」と言う言い方はないわけで、言ってみれば私の造語？　でも、なぜ今まで「力声」ってなかったのか、私にとってはそっちの方が不思議……、あっ、思いあたりました。今までは普通の声でも生活する事が出来たんですね〜。でも、3・11後はそうはいきませんね。原発稼働しないで去年の猛暑も今年の寒波も支障なく生活出来ているのに、これから新規も含め原発推進しようとする政府、電力会社、メガバンク。地震の活動期に入っているのに、全国の原子力発電所はほとんど活断層の上に建っているのに、元首相で推進派だった小泉純一郎さんでさえ、核廃棄物の最終処分法が確立していない、原発ゼロでも経済成長できる、と安倍晋三首相に進言しているのに、それらを無視して推進推進、きっと何かとてつもない「うまみ」があるのでしょうね。ま、その「うまみ」は私のような貧乏芸人には知る由もありませんが。

　これからどんどん出てくる、末代まで悲劇をもたらす放射能被害の本当のこわさ、それを隠すのが最大の目的？　年末、国民の反対の声にほおかむりをして衆議院でも参議院でも無理無理通した「特定秘密保護法」、そうです、私たちは、まことに残念ですが、これからは命がけで智慧を使わなければ生き抜けない時代に突入してしまったわけですね。私たちの税金は私たちを抑圧する輩のために使い果たされ、それでも足りないと四月からは不公平税の消費税……。ぼけーっとしてたら身ぐるみはがされて放り出される、あっ、これは追いはぎか？　すみません時々講談ぽくなってしまって。ま、そういうわけで、生き延びるために何が必要かというと、お金ではない、地位でもない、そう、身ぐるみはがされても誰も奪えない貴方ならではの声、弱々しくては届かない、うるさすぎても届かない、まぎれもない貴方だけの心からの声、生存をかけた声、孫や子どものための声、世知辛い世の中だけど、きっとまだまだやり直せる、明るい未来を切り開こうとお腹のそこから出す声、それが力声です。さあ私と一緒に丹田に力をいれて力声を出しましょう。

せ〜の、えっ、うまく声が出ない？　大丈夫です、この本の最後まで読めば、おのずと力がわいてくる、まして終わりに声の出し方のテキストを掲載し、ご指南させていただきますのでご安心を。さあ、大地にすっくと立ち、青空に向かって「あっ」という声を短く、強く、出しましょう。「あっ、あっ、あっ」、ね、空からからすも一緒に「かあ、かあ、かあ」。貴方は一人ではない、繋がれば力になる。さあ、始まりです。

悔しさをこらえて、いざ出版

ただ今二〇一四年の一月半ば、大震災から三年目、私はようやく過去三年を振り返るべく、そしてこれから先を見極めるべくパソコンに向かい始めました。今までは、キーを叩こうと思うともろもろの怒りがこみ上げて指が動かなくなる、明日からにしようと毎回先送り、であっという間に三年が過ぎてしまった。もっともその怒りは講演、公演で元気よくぶつけまくってきましたが(笑)。今回新刊上梓に思い切った理由は二つ。それは、今年は東日本大震災で犠牲になられた方々、そして原発事故のため本来は助かる命を失ってしまった同郷の方々にとって三年目を迎える「節目」の年であること。まずは瞼を閉じて、犠牲になられた皆さまのご冥福を心よりお祈り申し上げます。

その節目の年にも関わらず、「原発非常事態宣言」は解除されないまま、「収束宣言」は撤回されないまま、放射能汚染は大気中に太平洋に拡散し続けたまま、一〇万人以上の皆さんが避難生活に耐えたまま、誰一人事故の責任を問われないまま……福島は終わった事として忘れ去られて、また悲劇が繰り返されるとしたら、ぞっ、ぞ～っ。冗談じゃないですよね。講談は「強きをくじき、弱きを助ける話芸」と昔から言われている、その本流にたちかえり、ふけば飛ぶよなか弱い私ですが、強きものにもの申したいと覚悟した次第です。

代表作が3・11で大遭遇

私は講談師になりたてのころサイパンの戦跡を見たのがきっかけで、戦争に関心がめばえ、二八年前から「はだしのゲン」を、そして一二年前から「チェルノブイリの祈り」を語りつづけてきました。同業者からは「そんな演目やっていたらテレビに出られない、売れないよ。お金にならないよ」とよく忠告されたものです。それでも原発事故を防ぐにはチェルノブイリ事故から学ばねばと、自分たちのような目にあってほしくないというチェルノブイリの人々の祈りを、この作品を通じて懸命に訴えてきたつもりだったのです！　あっ、また悔しさがこみ上げてきてしまいました。えっ、なぜチェルノブイリを語りはじめたかって？　はい、ちょうど「はだしのゲン」の講談化に取りかかった年、偶然にも一九八六年にチェルノブイリ原発事故がおき「軍事利用」目的の原爆も「平和利用」目的の原発も、ひとたび制御できなくなれば同じだとしみじみ……。このあたりは『花も嵐も、講釈師が語ります。』（七つ森書館）に詳しく書いてます。

その上、まったく語るも悔しいのですが、八年前から津波から村人を救った「稲むらの火――浜口梧陵伝」を防災講談として力を入れ、七年前から「フラガール物語」を語って来て、3・11で私のこれらの代表作がすべてぶつかってしまった、そして古里がこのような事に！　ちなみに「稲むらの火――浜口梧陵伝」「フラガール物語」は他の新作とともに前作『乱世を生き抜く語り口を持て』（インパクト出版会）に載っております。

実は、さすがにショックで3・11後「チェルノブイリの祈り」を封印しようと思いました。しかしぜひ上演をという声に背中を押され、チェルノブイリ事故からちょうど二五年目の二〇一一年四月二六日、福島原発事故後はじめて再演。会場一杯のお客様はものすごい熱気で、怒りと祈りを込めて語る私に熱い拍手を送ってくれた。このとき、落ち込んでいる場合ではない、二度目の事故を絶対起こさせないためにも私にできることは語り続けることしかないと腹を決めました。一刻もはやく福島県民や関東の汚染地域の皆さんが心身の安定を取り戻し、子どもたちが安全な自然の中で成長する事ができることを祈りつつ、福島に生まれ育ったのを運命ととらえ、語り継いでいこうと決めたのです。その時の決意は変わることなく今日にいたっているわけですが。

何と言っても年女

もう一つの理由は、私にとっても二〇一四年は「節目」の年にあたるということ。そう、実は私、午年生《うまどし》まれの年女なのです。一二月の誕生日を迎えると、なんと還暦を迎えるのです。えっ、そんな年にはみえない？　なんとまあ正直な方（笑）。以前から六〇代の友人たちに接していると皆さん元気でにこやかで……なぜこんなにタフなの？と思っていた年代にやっと突入できる、そのスタートラインに立った記念の出版でもあるのです。

その上、私がもの申したい権力者の代表が安倍首相なのですが、彼も今年還暦を迎える午年。この同級生がとんでもない嘘つきでして、本来「見て来たようなウソをつき」と言い堂々とウソをついていい私たち講釈師のお株を奪い……、もう商売やりにくくて仕方がないです。

　思いつくまま安倍流のウソの数々を挙げてみますと、まずは昨春トルコに出かけ「日本の原発は安全で高品質」と嘘八百ならべ売り込みに励む。夏、参院選が終わった翌日にタイミングを計ったように汚染水漏れを発表する。極めつけはオリンピック招致の際「汚染水は港湾内に完全にブロックされている」「放射能はすべてコントロール下にある」「放射能による健康被害は過去も現在も未来もいっさいない」と笑顔で大ウソ三連発。そして招致が決まって大騒ぎの翌日に、原発事故の責任を問う福島原発告訴団に対し、検察が全員不起訴の決定をこっそりと発表。こんなのは実はまだ序の口でして、二〇一三年の暮れの「秘密保護法強行採決」、「原発ゼロ撤回」、「国連の韓国軍へ弾薬贈与」これは突き返されましたが、「靖国参拝」、「辺野古埋め立て」と怒濤の悪行五連発。悔しくて年があけても「おめでとう」と言えない国民が思わず「あべだとう」と言ったとか。

　もし小学生のとき同じクラスに安倍首相のように親の威を借り、平気でとことん弱い者いじめを繰り返す男の子がいたら、私はどこまでもおっかけて馬乗りになっていななくでしょう。ヒヒーン！

悔しさで心が折れそうに

2011年

1　3・11がやってきた

二〇一〇年暮れ松井やより賞受賞、すべてが順風満帆に?!

もう一〇年以上続けているブログ「香方見聞録」をナビゲーターに、当時を振り返りながら語り進めることにします。

講談歴三〇年を迎え、今までの地味な努力?が報われてすこしずつ花開き始めたような、そんな手応えを感じながら私は二〇一一年の正月を迎えたのでした。

へ一月三日（月）　あけましておめでとうございます。

昨年は予想外といっていいほど、にぎやかな年でした。二月には『乱世を生き抜く語り口を持て』の出版、そして四月の出版記念パーティー。大嵐の中、全国から親しい皆さんが駆けつけて大盛況。イラストレーターの草分け、田村セツコさんや日本最高齢のジャズシンガー、ホキ徳田さんも来てくれて「これってピアノの一種なの?」と、キーボードをたたき見事な演奏を聴かせてくれました。充実し始めたアマチュア弟子たち、講談サロン香織倶楽部の発表会。プロの弟子たちとの月一回の神田香織一門会。そして極めつけは一二月の誕生日に尊敬する松井やよりさんを記念した、やよりジャーナリスト特別賞（大衆普及）を頂いたことです。気持ちも新たに受賞理由を紹介しますね。

「あなたは、講談師という日本独自の文化の中で、ジャズや一人芝居などを取り入れた独自の講談を発表してきました。さらに『はだしのゲン』をはじめ、講談という語りを通して、多くの民衆が自然に社会との関係性に気付くよう努力を重ねてきました。『乱世を生き抜く語り口』を自ら実践した功績は大きく、今後を期待し、ここに表影します。（NPO法人「女たちの戦争と平和人権基金」東海林路得子）」。

芸人が受賞したのは初めてということで、感無量でした。この賞をいただき、増々ふんばるぞ〜という気持ちで新年早々受賞記念公演を企画しました。一月には「哀しみの母子像」（米軍ジェット機墜落事件）、二月には「ビリー・ホリディ物語」を都内で開催します。また、インターネット講談教室も始め、「講談」という「庶民の怒りを代弁」する話芸を身につけ、社会や生活に根ざしたアマチュア講談師を全国各地で育成できればと願ってます。

「大衆普及」というテーマをいただき、さらに精進して、大勢の人々に感動してもらえる講談を作っていきますので、あらためましてご声援のほどよろしくお願い申し上げま〜す。

ところで、ご常連のお客様からこんな賀状が届きました。

松井やより賞受賞式にて

「余生は寄席通いと決めて二年経ちました。永い空白期間を取り戻そうと昨年は丁度一〇〇回楽しく講談の寄席に足を運びました。老人ですが、昔をしのんで古くさい話を聞きにいくわけではありません。女流講釈師の意欲的な舞台がよいのです。先駆者としての益々の活躍を期待しております。本年もせっせと通いますのでよろしくお願いします」。

嬉しいですね。嬉しい反面、気を引き締めて、さあ、きょうは初席、行って参ります！〉

いかがです。五〇代の半ばでやっと世間様に認められはじめた遅咲きの私？　今思えばほんとにやる気満々、順風満帆だったのです。その上、講談界初、女真打ちの女弟子が真打ちに昇進という、記念すべき神田織音の真打ちパーティーをひかえ、わくわくして迎えた初春だったのです。そしてその披露パーティーはこともあろうに三月一二日だったのでした……。

講談サロン「香織倶楽部チャンネル」開始

ついでに一月八日（土）のブログを。

〈これを革命と言わないで何と言いましょうか。菅直人首相が神保哲生さん、宮台真司さんとインターネットテレビに二時間も出演。昨年暮れには小沢一郎さんが岩上安身さんのインタビューでニコ生出演。地上波テレビはこれらを報道する。もう、後追いするしかなくなった。「記者クラブ」所属の記者たちが記事合わせをしているうちにツイッターでフリーのジャーナリストたちが「民主的」に情報を発信するから？　新聞も購読者が激減しているというし。オフィスパパンもニコニコ動画とユーチューブに講談サロン「香織倶楽部」の映像配信チャンネルをもうけたし、さあ、何を発信するか、頭を三角にして考えよう、と思いながら、掘り出し物の着物を探しに出かけるところです。織音の真打ちパーティー、やはり着物を新調したいし。ああ、出船ばかり～。✓

そう、この頃、政権政党だった民主党、記者クラブを廃止するという意気込みがあって支持してたのですがね～。結局、民主党は政権の座を追われ、記者クラブは健在、革命は一朝一夕にしては成らず、ということですね。私の事務所、オフィスパパンも情報を発信するぞ～と燃えて、初回を迎えました。

^二二日（土）午後四時集合で「講談サロン香織倶楽部チャンネル」初放送。いつもの稽古場香喋庵に有志が集合して、「今年の目標」などについて一時間話した。たった六畳の部屋がスタジオに変身。それにしてもすごい世の中になったものです。こうして、目的があれば、お金をかけないで発信できる。テレビがつまらなくなってきたのと時を同じくして、おもしろい中継がユーチューブやニコニコ動画で見ることができるなんて。あとは視聴者が増えるように中身で勝負だ。思い起こせば今から三〇年前、ビデオカメラが出始めたころ、新しいもの好きの私の師匠神田山陽は、早速購入、三脚をたて、稽古を録画、その後、映像を見ながら、指導してくれたことがありました。

時代は変わっても、「文明の利器」を次々取り入れる、この好奇心は大切なのだ。山陽師匠をみならって、今後、対談や話し方教室など、講談サロンの皆さんとたのしく企画を立ててみよう！

香織倶楽部チャンネル初放送に集合した男性部員の皆さん、いざ放送が始まるとたんにカメラを意識し固くなってしまって……思い出すと笑ってしまいます。そして二六日「やより賞記念公演哀しみの母子像」の日を迎えました。

受賞記念公演会成功

久しぶりの門仲天井ホール。やより賞選考委員の池田理恵子さんは知性たっぷり、テンポ良く、松井やよりさんについて、「やより賞」について話してくれた。

そして横浜・緑区米軍機墜落事故平和資料センターの斎藤真弘さんは今日が二九回目の土志田《どしだ》和枝さんの命日ということで、当日の思い出を中心に、秘話を披露してくれた。被害者が被害者でなくなることを防衛庁はきらったのだろうか、完治しつつある和枝さんは、防衛施設庁の職員が監視する病院で精神病とされ、死に追いやられていったと。

和枝さんが生きている限り、日米安保条約の妨げになるというのか。なんというむごさ！　沖縄の宮森小学校に墜落し、市民と子どもたち一一人を殺した事故もそうだ。問題なのは「米軍基地」であり、安保条約、地位協定、次の悲劇を生む前にはやく見直さなければ！　怒りを新たに「哀しみの母子像」を語らせてもらった。

この「哀しみの母子像」も『乱世を生き抜く語り口を持て』に掲載されています。

そして、二回目の香織倶楽部チャンネル、ゲストの郡司真弓さんは今現在、NPOふくしま支援・人と文化ネットワークの事務局としてともに活動している仲間です。

︿二月九日（水）　香織倶楽部チャンネル二回目。アジア女性支援、WE21ジャパンの前理事長、講談サロンの会員、そして高校の先輩でもある郡司真弓さんと対談。ほとんど打ち合わせなしでも話題は途切れず、あっという間の一時間。それにしてもWE21ジャパンっていい仕事している。不要になった洋服などを寄付してもらいそれを販売。全員がボランティアで神奈川県内に五〇数カ所。支援金でフィリピン山岳地帯など政府の援助もない地域へ援助活動。また衛生などの面でも支援して、地域の女性たちが中心となって生活向上を図っている。郡司さんは山岳地域へ行った時の体験を新作講談にして発表している。その素朴な家族の生活が実は我々が育った頃のいわきの姿でもあったのだ。と話は縦横無尽に飛び交ったのでした。﹀

ふたりの会話はいわき弁丸出しで、「海の幸、山の幸、温泉にめぐまれ雪も降らず、いわきは東北のカリフォルニアだっぺ～」と、スタッフが「何言ってるのかさっぱり分からない」と呆れるほど、口角泡を飛ばしながらのいわき礼賛に終始したのでした。古里が様変わりする一ヶ月と二日前のこと。

鎌倉孝夫さん、高橋哲哉さんと共に

こちらも今日的な話題に繋がるのでついでにご紹介。震災後、高橋哲哉さんはNPO「ふくしま支援・人と文化ネットワーク」の賛助会員になって、NPO主催のイベントでは講師として参加してくださってます。

◆二月一三日（日）には福島教育会館で「憲法をいかす福島県民の会・県民集会」のシンポジウムに参加。ともに会のよびかけ人代表の鎌倉孝夫さん、高橋哲哉さんも参加。シンポジウムでは鎌倉孝夫さんがTPPについて「平成の開国」「流れに乗り遅れるな」などのマスコミのキャンペーンがいかに実態にそぐわないか。TPPが日米軍事同盟の強化につながる仕組みなど講演し、高橋哲哉さんが北海道で教員たちが人権侵害にあっていることを報告。高橋さんは民主党のマニフェストでもある、人権侵害にあった人が国連に通報できる「個人通報制度」が日本にも導入されることを望んでいる。しかし、それと逆行するかのような動きがあることを北海道を例にとって紹介。

一昨年の小林ちよみ議員辞職の後、道民の「信頼回復のため」を口実に「情報通報制度」が実施されているという。なんでも、道民全てが、組合、学習指導要領について問題ありと思ったら、直接、北海道教育委員会に通報できるのだそうだ。思想信条は自由なはず、これじゃ憲法違反だし、日教組つぶし丸出しでは？

ある中学教師は北海道新聞の社説を使って授業をしたところ、ある保護者から問題だとされ、通報されたそうだ。「密告社会」「監視社会」「となり組」が復活している。どうしてこういうことがきちんと報道されないのか！ これだからネット放送が増えるわけだ。チュニジア、エジプトの民衆がネットで「連帯」したのに日本でできないわけがない、と私が芸人らしくよいしょしながら「香織倶楽部チャンネル」を紹介してシンポジウムは終了したのでした。

着物をいただき、いざ東京へ

弟子の披露パーティーのため、がんばって着物と帯を新調した私に、喜んでいいのかどうか迷ってしまう事態が。一九九四年から二〇〇二年まで娘二人とともにいわきに出戻って生活をしていた私は県内各地で公演に呼んでもらうなど、実に大勢の皆さんに支えられて暮らしていました。その中のお一人、高校の先輩でもある竹谷幹子さんは大の着物好き。高価な着物を沢山お持ちで、なんと、織音の真打ちパーティーに着用するという条件で、色留袖を私にプレゼントしてくださるとの申し出が！ すでに用意してあるからと再三辞退しても「見るだけでもいいから」ということで、三月はじめに帰省したおり着物を拝見。薄いクリーム地に金の刺繍の鶴が舞うすそ模様。上品で高価なすばらしい色留袖です。私が清水の舞台から飛び降りるつもりで新調した着物より数段すばらしい。頂くことに即決。と、この着物に合う帯もくださると言う。あまりに申し訳ないと辞退する私。帯を広げる竹谷さん。な、なんとその帯は金糸銀糸刺繍の全通し。こと、着物に関しては欲深な私、瞬間に目がきらきらと輝き、両方を押し頂いて、東京に戻ったのが三月七日のことでした。

あやうし！　弟子の真打ちパーティー

そしてついにあの日を迎えます。

◆一一日（金）午前、池袋の美容院に予約を入れ、浮間舟渡の稽古場に移動し、作業中にあの大地震が！「稲むらの火」で地震のシーンを語ってはいるものの半端じゃない揺れがいつまでも続く。おもわずテレビを押さえる。稽古場は一階だから格別物も壊れなかった。が我が家はマンションの一〇階、すぐ自転車で自宅へ。マンションにつくと裏玄関から長女がゆうゆうと歩いてくる。「部屋大丈夫だった？」「ん〜、食器ダナから食器が落ちて割れて、パソコンのプリンターも落ちて、テレビも落ちたかな？」「……それにしては落ち着いてるね」「あわててもしょうがないし、いてもどうにもならないから出て来たの」と。冷静な娘でよかったと、まずは家に入ってみる。娘の言うとおり、足の踏み場もないくらい物が落ち散乱していた。驚いたのは二段式の和ダンスの上の方が落ちてしまっていたことだ。このタンスの下に布団を敷いて私は寝ている。もし、深夜だったら直撃されていたかも……。いわき市の実家に電話するも通じない。父の携帯も同居している弟の携帯も繋がらない。とりあえず割れた食器などを片付けているうちに美容院の予約の時間が迫って来た。美容院どころじゃないとキャンセルの電話を入れるもこれも繋がらない。駅へ行くとJRが全線不通になっている。仕方なく戻ってテレビをつけると、ものすごい津波の映像が！　思わず、「ダメー、絶対ダメー」、絶叫し泣き出してしまった。

織音と連絡がついたのは夜遅く。当然パーティーは延期するだろうと思ったが、彼女は出席者全員に連絡することは不可能だ、一人でも来てくれる人がいたら申し訳ないから決行するという。そして言いにくそうに「師匠はどうぞ好きなように」と。弟子がやるというのに私が行かないわけにはいかんでしょうが(笑)。

三月一二日（土）朝方、やっと実家に電話が通じ、皆の無事を確認。津波警報が出て避難所に一泊したとのことだった。一安心したが、昨夕、原子力緊急事態宣言が発令されて夜九時には三キロ以内に避難指示が出て、今度は原発が心配だ。今まで地震のたびに原発は大丈夫か！と毎回冷や汗。すべてに手抜きで無責任な東京電力。この大地震で何事もないはずがない。心臓が口から出てきそうな気持ちで着物を詰め込み、駅に向かうも電車は不通、タクシー乗り場は長蛇の列。四〇分待って近くの地下鉄駅へ。東京会館につくと大急ぎで着替えたが、初めて締める全通しの帯にてこずり、また原発が心配で手が震えて、なぜよりによってこんな日に披露パーティー?!　ま、これはかりはしようがないが。三〇〇人の予定が一〇〇人ほど。お客様方はいろんな交通手段を駆使して駆けつ

織音の真打ちパーティーで

けてくださった。非常事態中の祝宴というのは、なんとも緊迫感にみちた、感激もひとしおの忘れられない宴となりました。講談協会の皆様、お客様、本当にありがとうございました。

私の代表作のひとつ「チェルノブイリの祈り」を二〇〇二年にともに制作した事務所の立木寅児さんは3・11直後から刻一刻と展開するフクイチ（福島第一原子力発電所）情報を流し始める。[Hakobune] ＭＬ《メーリングリスト》だ。参加者は今一〇〇人ぐらいか。二〇一四年の昨今は食材の汚染状況など放射能情報、フクイチの状況、また脱原発、推進派さまざまな情報を発信して今日にいたってる。最大の目的は3・11の前年に生まれた孫を守るためとか。三月一二日昼は香織倶楽部のＭＬで、同日夜からは[Hakobune] ＭＬがスタート。

まずは一二日一四時二三分に届いた香織倶楽部ＭＬメールです。

ＴＢＳ、ＮＨＫが報道。福島第一原発でセシウムが。炉心が溶け出したと。

三月一二日　一四時二一分

経済産業省の原子力安全・保安院によりますと、福島第一原子力発電所の敷地内の一号機の周辺で、核分裂によって発生する「セシウム」という放射性物質が検出されたことから、一号機で炉心にある核燃料の一部が溶け出たとみていると発表しました。

午後八時やっと枝野幸男官房長官が一号機は水素爆発と認めるわけですが。

このメールを読み、私はすぐにいわきの実家に電話する。両親は「年だから、放射能あびてもしょうがない」と動こうとしない。弟夫婦は避難所の世話があるから行けないという。「息子たちだけでも東京に」と言う私に弟が「姉さん、ガソリンがないんだよ、道路も寸断されているし、特急も走ってない、避難させたくてもどうにもならないんだよ……」。私は言葉を返すことができなかった、それでも下道を通り、なんとかして避難させて！とお願いし、甥っ子ふたりを迎える部屋の準備をする。原発の状態がツイッターやユーストリームで明らかになり、とにかく避難しなければならないのだ。東京に住む我々にも静かに危機がせまっている。

そして同日二一時五〇分の［Hakobune］メールです。

荷物をまとめる時期に来たと思います
明日は早く起きて、身の回りのものをまとめたほうが良い
ネット環境を確保　小生はイーモバイル　中村氏はＮＴＴ回線　これがライフライン
ソフトバンクその他の回線業者も無線ＬＡＮ回線を開放
最低限（お金）　あとは状況を見てゆとりがあればいい
移動手段　車
常識は捨てたほうが賢明
小生も、あとどれくらいサポートできるか時間の問題
とにかくこれからは個人個人の経験と英知に掛かると思いますので、四八時間起きていましたので寝ます。明日は最悪のストーリーを前提に対処します。
これが笑い話になることを祈って終わります

このMLを読み、すぐに行動に移したのがサロンの福田織福さん。一族をワゴンに乗せて二週間近く名古屋方面に避難。放射能が東京にも降り注いだ二一日から家族を守ることが出来たのだった。

一三日（日）午前一時過ぎ、「海水注入が始まった。避難しなければいけない。一時間後に迎えに行くから準備して」と立木さんから電話が。甥はまだ来てないし、動揺して何を持ち出したら良いのか、とにかく財布と着替えを用意し、私と長女は迎えにきた立木さんの運転する事務所の機材車で長野の中村卓さん宅へ向かう。中村さんは長年音響で私の作品を手伝ってくれている優秀なスタッフさん。次女はたまたま体調をくずして入院中、不幸中の幸い！

甥っ子からメールが来たのは一三日午前九時四〇分。「取手から南はとりあえず動いているらしいのですが……ここからは動いていないらしいです。給水が終わってから水戸までは父が送ってくれるらしいので、そこからなんとかして取手まで行こうと思います。」私たちは東京を発ってしまっていたが、幸いに彼らの姉が相模原に住んでいて甥っ子たちは一五日の爆発の前に姉の元に避難できたのだった。

2 避難先からの眺め

それから二週間、長野の中村さん宅で朝から晩まで原発情報を浴び続ける。原子力資料情報室では毎日後藤政志さんが解説。ほかにも小出裕章さん、田中三彦さん、武田邦彦さんと長年警鐘をならして来た専門家たちが。長野からはよく見えた。まずは「計画停電」の嘘。一三日の午後、枝野官房長官は三号機に「水素爆発の可能性」と発表します。東電はそれを受けて夜、関東方面で一四日から計画停電を始めると発表するのです。これは二三区は除外するなど不公平きわまりなく、人々は家路を急ぎスーパーやコンビニから水や食料を買い込むのに懸命。テレビは計画停電でパニックとなる様子を報道、さらなるパニックを呼び起こす。一四日に三号機が水素爆発したという情報はほとんど伝わらなかったのです。

長野からも何か出来ないかといわきの知り合いたちにスカイプで取材し、ユーストリーム放送もやりました。結果は電波状況が悪くうまくいきませんでしたが、しかし、収穫はありました。いわきの地元紙の記者にいわきの町中の状況を聞こうとしたら、なんと「いわきは危ないから今郡山にいるんですよ」「えっ、じゃいわきの様子は?」「今、どうなってんでしょうね～」。郡山に逃げていたのだった。あとで郡山の方が線量が高いと分かるのだが。いわきナンバーで給油しにいったところ、ガソリンスタンドのおやじさん、茫然自失といった風情で私たちの車を見ていた。放射能うつされたら嫌だ～と思ったか、はたまたこんな遠くまで逃げて来たのか～と同情したのか、この頃各地でいわきナンバーの車は受難。こころない言葉が浴びせられていた。

二六日の名古屋の劇団うりんこでの「ビリー・ホリディ物語」公演まで長野で過ごした。名古屋はまったく別世界でした。

佐藤和良氏、長靴、作業服で都内に登場

四月三日(日)　総評会館で佐藤和良さんの講演「福島原発震災いわきからの報告」を聴く。まず、非常事態宣言が出た一一日の様子。双相地区から逃げてくる車を見て平の人々もパニックになり逃げ出し始めた。マスコミも福島市や郡山に逃げた。ところが線量はいわきより福島市や郡山の方が高かったというのが後日判明。放射能雲が奥羽山脈を超えられないためとか。二度も仕事で呼んでもらったのどかな酪農の村、飯舘村は東南の風のたまり場、気の毒だ。

避難所に二万人。こういうときは「地域力」が大切で、まとまっていた地域は一人暮らしの人にも手が届いた。水道が止まり二〇日目に水が出た。一般の人の限度は一年で一〇〇〇マイクロシーベルト。南相馬市鹿島地区は〇・九マイクロ、佐藤さんは数か月で一年分浴びることになる。そして子どもたち。六日に入学式を迎える。佐藤さんは二ヶ月休むよう進言したものの教育委員会は「専門家が大丈夫といってるから大丈夫」と。その専門家とは長崎大学の原発推進派の先生。四日から瓦礫の撤去に入るが、原発がいつ爆発するか分からないから復興に入っていけない。海洋汚染が進む、絶望の中でどう生きるかだと佐藤さん。被曝後の世界を生きなければならない。佐藤さんだけではない、まちがいなく私たち一人一人が問われている。

こんな中、織音の真打ち披露興行が始まります。大勢のお客様が来てくださり、織音を祝福、そしていわき市出身の私に同情してくれ、義援金を沢山頂く。それを活用させていただき、いわ

きの避難所支援が始まります。常磐道が開通した翌日、私たちはやっといわきへ入ることが出来たのだった。

3 講談師　走る

四・一〇やっといわきへ

四月九日（土）　真打ち興行に祝杯をあげてから、明日のいわき避難所への差し入れを買いに。ザ・ピープルの吉田恵美子さんからあらかじめ聞いておいた「胡椒やドレッシング、サラダ油、マヨネーズ」など二〇〇人分車に積んで、いよいよ明日はいわきへ！

一〇日（日）　郡司さんたちのWE21ジャパンの一五名、ザ・ピープルの吉田恵美子さんたちと勿来《なこそ》インターの駐車場で合流、まずは岩間の海岸へ。冬でもサーファーが訪れる静かな遠浅の海。二メートル位の堤防が崩壊してまるで木の塀のように倒れている。家々も壊れて瓦礫の山に声も出ない。ほどなく「プライベートビーチ」として私がひそかに楽しんでいた小浜の海岸、海沿いの家は流されてあるいは傾いて、こちらも様変わりだ。小さな漁港の船がひっくりかえったまま。そばにいたおばさんに被害を聞いた。自分は高台で助かったが二人が亡くなったそうだ。

小名浜へ出る途中の我が家へ寄ると、塀が液状化で傾いていた。ひと月ぶりの母、やっと水が出るようになり、皆元気でやっているとのこと、安心してすぐに車に戻る。小名浜はもう見る影もない。魚市場にはのりあげたままの船が何隻もあり、海産物店がならぶラミュウやアクアマリンの周りは瓦礫や車が放置してあった。小名浜高校の避難所でまず物資を手渡す。一斗缶の天ぷら油に「鶏肉があるから、きょうは唐揚げにしよう」と。お役にたてて嬉しい。

昼食をとりながら、吉田さんたちの取り組み、被災者が自ら炊き出しをする「避難所母さんの元気プロジェクト」や震災直後のなまなましい様子など聞くことができた。

午後は美空ひばりの「乱れ髪」で有名な塩屋の岬のある豊間へ。ここは本当にうつくしい海岸だった。そして海岸の目の前に中学校があり、そこで公演をしたことがある。しかし、今日目にしたのはあまりに無惨な風景。今日から自衛隊が捜索に入り、昨日まで立ち入り禁止だった薄磯、そして豊間。堤防はこわされ、道路は遮断され、中学校は土台を残して消えていた。食事をしたレストランは別の場所で二階だけが残っていた。もう声も出ない、涙も出ない、ただただ呆然。

避難所に食材を提供している平の「スカイストア」でいわきの野菜など買い物をして、いわきを後にした私たち。底抜けにあかるい故郷いわき。皆さんが今直面しているとてつもない災難、「地震、津波だけだったら、おれら元気に立ち向かえるけど、原発がな〜」。地元の皆さんと一緒に立ち向かおうと私たち一行、決意をあらたにいわきを後にしました。この災難に直面して、故郷がぐっと近くなった。

一〇日、慌ただしく日帰りで東京へ戻った私たち。翌一一日いわきは常磐地区を震源地とした震度六の大地震に見舞われ、多くの地域で地面が盛り上がり道がふさがれ、土砂崩れで死者も出る惨事となった。開通したばかりの常磐自動車道はまた不通となる。やっと復活した水道もまた断水となってしまう。もし一泊していたら私たちは戻ることが出来なかった……。

この後もいわきは連日のように余震が続いていた。東京も余震で揺れると父から「大丈夫か?」と電話がかかってくる。「そっちの方こそ心配」と言うと笑って言う。「ここは地震は当たり前だから大丈夫なんだ」。なにが大丈夫なのだか(笑)。

実家の周辺は3・11と4・11の二度の大地震によりほとんど全壊状態となる。我が家だけが半壊状態で今でも生活している。

水道も止まり入浴が出来ない状態がひと月続いた。毎晩かかさず入浴する習慣の両親に電話口で同情すると、父は「おれらは戦争体験してるから、風呂にはいれなくても大丈夫だ。地震にもまけねー」。父はまたこうも言った。「光子(私の本名)、お前や佐藤栄佐久さんの言うとおりになったな。でも大きな顔してはだめだぞ。皆、しまったと思っているのだからな」。どこまでも世間を気遣う、というか気にする父。こういう東北人の人の良さが、東電や政府、権力者を図にのせることになるのですがね〜。

四月二〇日(水)　お江戸日本橋亭、織音真打ち披露興行、両日とも大入り。家に電話すると「地震のたびに塀が崩れて、家の中も壊れやすくなっている。片付けてもまた、ゆれるからそのままにしている。お風呂のタイルがはがれたけれど、やっとお風呂にはいれるようになったよ」という母の声。いわきの現状をマクラで話し、カンパを呼びかけたら二日間で二万円以上集まった。故郷いわきの皆さんへ避難所への物資運び、私たちならではの慰問講談と色々企画して浄財を使わせていただきます。ありがとうございます!!

悔しさをかみしめて「チェルノブイリの祈り」公演

そして、「チェルノブイリの祈り」の公演の日を迎えた。事故から二五年目の四月二六日のことだった。

⌃二六日(火) チェルノブイリの事故から二五年目の今日、憲法行脚の会主催の集会で「チェルノブイリの祈り」を語った。

ほぼ満席。東電原発事故から一ヶ月半、あいかわらず危機的な状況が続いているだけに皆さんとても真剣だ。トーク「いまこそ脱原発の道を歩もう」では佐高信さん、福島瑞穂さんと。福島の悲鳴、怒り、子どもたちを被曝から守れ、おもわず興奮してしまう、あっと言う間の二時間だった。懐かしい友人たちが沢山かけつけてくれて、ほんとにうれしい。⌄

この時の浄財は一〇万円以上でした。

それはいわき慰問のときに差し入れの物資をそろえるのに大変役立ちました。

⌃二七日(水) そしてきょうは織音の真打ち興行、六〇人以上のお客様、宝井馬琴さんのあたたかな口上、神田翠月さんのやさしさあふれる司会、明日で終わりだ、何を話そうか、毎回楽しみにしてくれるお客さんがいるからこちらも張り合いがある。あと一日、織音、がんばれ！

二八日（木）大入り満員の広小路亭神田織音真打ち披露興行、無事終了。大震災の翌日の披露宴、そして四九日、犠牲になられた大勢の御霊が天国へ旅立つその日、興行の千秋楽。大震災の復興と織音の真打ちとしての道はともにあります。一龍齋貞花、一龍齋貞水両先生はじめ出演者の皆さん、熱のこもった講談で花をそえてくださいました。貞水先生の口上では、またうかつにも涙がでそうになりました。講談界始まって以来の女性真打ちによる女性真打ち誕生！とは恐れ入りました。織音ともども肝に銘じて精進あるのみ。披露興行期間中、「東日本大震災義援金」とは別に「いわき支援カンパ」を募らせていただき、なんと五四、四八六円もの浄財をいただき、いわき市長になりかわり、心よりお礼申し上げます。（三本締め）

今思い出してもぐっと来ます。ほんとに大勢の皆さんの温かい励ましが、笑顔がくじけそうな私を、織音を支えてくれ、浄財はいわきの皆さんを心の底から力づけてくれたのです。講談サロン香織倶楽部の皆さんも激励に同行してくれました。

香織倶楽部の面々と避難所激励

五月二日（月）いわきの友人が避難所の皆さんを激励したいという気持ちをくんでくれて「神田香織ふるさと訪問――避難者との雑談交流」の機会を作ってくれた。ありがたい。あらかじめいわきの農産物を支援している「スカイストア」にバナナ五〇〇本を手配してもらい、徐行運転でいつもより三〇分遅いスーパーひたちでいわき駅へ。

今日の分のバナナを積み、まずは内郷コミュニティセンターへ。ここはほとんど地元の方だ。ボランティアの人が衣類をきれいにたたんでいた。体育館など四カ所に分かれている避難者の皆さんと話をしたり、ロビーで簡単な講談ワークショップ。約一〇名が集まり、五歳ぐらいの元気くんが大きな声でてきぱきリードしてくれ、なごやかな雰囲気に。

内郷御厩小学校は南相馬からの方々が。三人家族の方は「単身だと仮設住宅に入りやすいが」と。別の避難者の方が昨年の「フラおんぱく・講談教室」生徒、あやさんからの「香織さん、また教室やって～」とのメールをみせてくれた。彼女は秋田に避難しているという。

二年続いた湯本での講談教室、あの頃のなんと「平和」だったこと！　好間公民館にも南相馬からの家族が。二〇キロ圏内の皆さんは避難所を転々とされていてほんとに苦労されているが、この家族は近所にアパートが見つかったとホッとされた様子。

旧三小体育館は段ボールで囲ってあり、今日訪ねたなかでは最もプライバシーが確保されている。ボランティアのお坊さんたちが手際よく炊き出しをしてくれていた。

三日（火）　四月一一日と一二日の震度六弱で、我が家は壁やタイルがはがれ、塀はますます傾き、二年前に建てたアパート三棟は傾いて居住者に退去してもらっていた。前回訪ねたのはたまたま四月一〇日。この日は通行できたいわき市の岩間と小浜はやはり四月の地震で土砂崩れで不通、近所のサンマリーナはヨットが桟橋に乗り上げたり、腹をみせてひっくり返ったり……、なにより驚いたのは天然鵜でおなじみの照島が崩れて三角に！

いわきに出戻っていた八年半、ときどきこの景色を見てぼーっとしてた私の癒しの場所の惨状。幸い家族は元気だが「もう一度大きいのが来るそうだ」と母。隣の家は取り壊すそうだ。我が家は築四〇年。建てる時に酒飲みの棟梁が「時期がくれば丈夫さが分かる」と言っていたとおりまだまだ住めそうだ。棟梁ありがとう！

今日は地元の泉公民館へ。ここでは度々講演した。連休ということでほとんど外出。北茨城から知り合いが避難していた。地震が恐くて一人ではいられずここへ来たそうだ。

勿来公民館は地元の講談「安寿と厨子王物語」の初演の会場で思い出がたくさん。ここではボランティアの炊き出しで、バーベキューをしていた。連休中は大勢のボランティアがいわきを訪れたそうだ。ありがたい。勿来地区は四月の地震で避難している地元の人が多いようだ。四月の地震では新しい断層が二つも出現、温泉が湧き出た所もある。勿来の森パークセンターはできたばかりの立派な体育館。ロビーでは児童劇が。ここで発声など皆さんと交流。最初は疲れた様子でも、声を出すうちに顔に朱がさし、最後は皆さんで立ち上がってお腹の底から声をだしてくれた。

ご主人が私の幼なじみという女性と話す。地震がこわくてパニック症になり、運転ができなくなってしまったそうだ。今はすこしずつ練習しているとか、そばにいた一〇代の息子さんに「母ちゃん、頼むね」といったら「おれがいるから大丈夫」と。最後の汐見が丘小学校、体育館ではお年寄りたちがマッサージを受けていた。小学校では校庭遊びを禁じているという。なんということだ。子どもにとってそれは拷問に近い。いわきは放射線が比較的低いのだから、測りながらなんとかならないのだろうか。

小雨がぱらつく肌寒い中、帰りの「ひたち」に乗り込んだ。二日間でじっくり数名の方々と話すことができた。中には子どもの環境をめぐって離婚寸前のけんかをしている夫婦もいる。建てたばかりの家にもどれない二〇キロ圏内の人たち、どの家族も原発事故が重く影をおとしている。まったく収束しない、かろうじて悪化を防いでいるだけの状態はいつまで続くのか。》

二〇一四年のいまはさらに悪化して……。本当にいつまで続くのでしょうか。

九州、四国は別の国？

《九日（月）　七日、八日「北九州空港に着いて、やっと深呼吸ができました」とマクラで挨拶するも、九州の皆さんは?って感じでした(笑)。ここにはつい二月前までの「使用前」の日常があるのだわ〜。芸術劇場で「はだしのゲン」、六〇〇人以上も来てくださり、感謝感激。時間前には小倉城の中の「松本清張記念館」見学。打ち上げではおそらく放射能に汚染されてない新鮮なお刺身、美味しかったです。北九州子ども劇場の皆さん、ありがとうございました。

八日は関門海峡を渡って山口県へ。ご先祖の平家が敗れた壇の浦で「耳なし芳一」の紙芝居を見ながらご先祖に手を合わせる。会場のニューメディアプラザがあるのは湯田温泉町。そう、ここは温泉が沢山あり、海も近く、まさに常磐湯本温泉とそっくりな町。ただちがうのは「空気」。嗚呼。心をこめて「フラガール物語」を語る。前あての照明がまぶしくて、汗だくになってしまい、お見送りの後鏡をみたら、目がパンダ状態！　皆さん「ガンバッぺいわきカンパ」にご協力くださり、なんと五万八二円の浄財を頂きました。早速、避難所慰問に使わせていただきます！

子どもステーション山口の皆さん、ありがとうございました！

一三日（金）　まったく収束の気配のない東電原発事故。政府、東電の後手後手の対応、小出裕章さんや後藤政志さんの解説を聞いているから行程表通りにいかないのは最初から分かりきっていたが。子どもに犠牲を強いる二〇ミリシーベルト。風評どころかいまや実害なのに「福島産の食材、牛乳」を給食に出すいわき市。頭が爆発しそう。

二二日の避難所激励講談、御陰さまでご好評いただきました！

簡単ですが報告を！

前日とはうってかわって寒い日。しかも小雨、うっかり夏の着物ででかけ一日中震えながらの慰問となりました。

一〇時半に四倉ＩＣで現地案内の高木照雄さんと合流、まずは四倉の皆さんが避難している四倉高校体育館へ。最初に私が挨拶し、つい新内の話になり、本間さん一声披露、被災者の人たちと「あいうえお」「五十音」。

その後朝倉織馬さん「バナナの叩き売り」、田口織幸さん「ガマの油売り」、高橋千織さん「義士の討ち入り」と一席ずつ披露。そしたら私の時間がなくなり、引き上げようとしたら「香織さんのが聞きたかったのに～」と言われ反省。

二カ所目からは構成をかえて、皆で「バナナの叩き売り」をやるなど私の時間も充分にとることができました。

被災地久之浜の町中を車で視察、まだまだ手つかずの瓦礫の山でした。

四倉の「蟹洗温泉」、海を見ながら入浴、人気の温泉でしたが、一階は破壊され当日入浴していた人たちはそのまま海にさらわれたそう……。

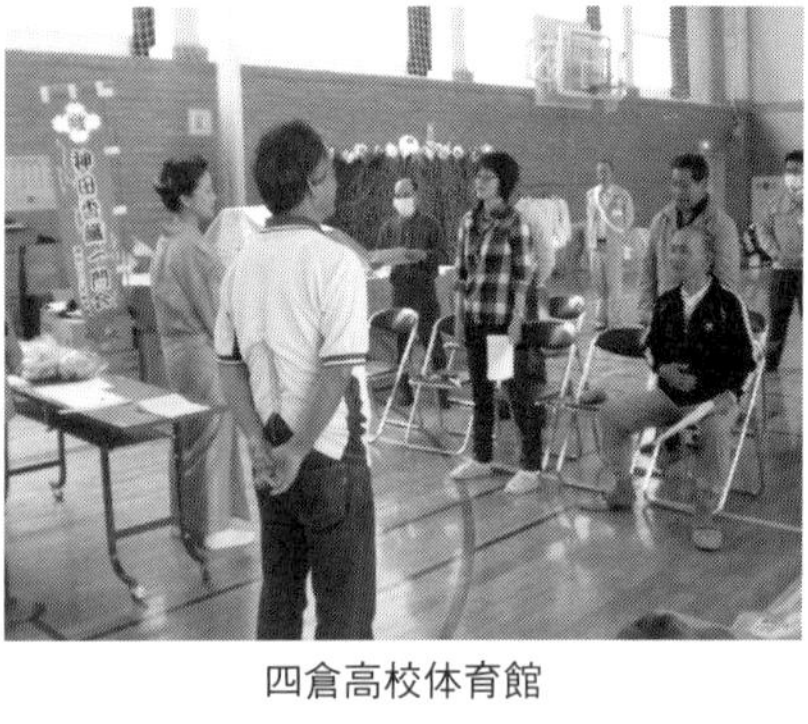

四倉高校体育館

二カ所目は福島高専、ここは二〇キロ圏内の広野町の皆さん、三カ所目は中央台南小学校、ここは原発近くの楢葉町の皆さん。体育館が広くてまた寒くて毛布を膝がけにして聞いてくれました。

最後は江名小学校、ここは地元江名の方々。

どの会場も、一緒に「あいうえお」など声をだしたりするうちに笑顔もみえて、お元気になられた様子。

各避難所、それぞれ会場条件も違い、臨機応変に対応、会場係の方々も机や椅子をさっと出してくれ協力。

こうして神田香織一座は先々で歓迎してもらい、五時ごろ解散、無事帰路につきました！

香織倶楽部の皆さんお疲れさまでした。

皆さん、気合いが入っていてよかったですよ!!

パパンパン〽

六月一日。原発事故から八〇日

大学四年生の次女が五月の教育実習を希望したのは自分が通ったいわきの泉小学校だった。だが、今度の震災で実習生を受け入れることが出来なくなり、都内の近くの小学校への変更を余儀なくされた。そのころの福島の子どもたちはというと。

〽六月一日（水）原発事故から八〇日、放射能は漏れ続け汚染し続けている。すでに福島県内の園児、生徒たちが転園、転校で二万人以上が県外へ避難したそうだ。福島県内の学校では衣替え後も長袖を着ることになった。運動会も命がけでしなければいけない。万が一汚染された土壌からのほこりでセシウム137を吸い込んで内部被曝したら、体内で染色体を壊し続け、四、五年後から癌を発症しかねないのだから。

朝日新聞「声」欄に定時制高校教員（四四歳）のこんな投稿が載っていた。

「授業で原発のことに触れた。『三号機が不調のようだね』と言うと、四年の男子生徒が怒ったようにこう言った。『いっそのこと原発なんて全部爆発しちまえばいいんだ！』

内心ぎょっとしつつ、理由を聞いた。『だってさあ、先生、福島市ってこんなに放射能が高いのに避難区域にならないっていうのおかしいべした（でしょう）。これって、福島とか郡山を避難区域にしたら、新幹線を止めなくちゃなんねえ、高速を止めなくちゃなんねえって、要するに経済が回らなくなるから避難させねえってことだべ。つまり、俺たちは経済活動の犠牲になって見殺しにされているってことだべした。俺はこんな中途半端な状態は我慢できねえ。だったらもう一回ドカンとなっちまった方がすっきりする』とのことだった。

こういう絶望の声は他の生徒からも聞く。震災でアルバイトを失った二年生は吐き捨てるように言った。『なんで俺ばかりこんな目に遭わなくちゃなんねえんだ。どうせなら日本全部が潰れてしまえばいい！』

こういう声に一教師として応える言葉がない。ぐっとこらえながら耳を澄まし、高校生にこんな絶望感を与えている政府に対する憤りを覚えるばかりだ」。（「福島の高校生の絶望聞いて」五月二七日、「声」欄）

水素爆発後、すぐに一〇日ぐらい避難すれば子どもたちは大量の被曝をしないですんだのに。放射能汚染地図を発表せず、二ヶ月もたってから発表した見殺し政府。穴があいたバケツに水を入れれば底から出ていくと幼稚園児でもわかるのに。日本の優秀な学者たちや原発設計者のアドバイスに従わず、事態をなお悪化させて、おろおろしている東京電力。福島県の青年たちの未来を暗澹たるものにした政府。彼らの率直なこの声を政府は経済を優先して切り捨てる。考えてみてほしい。子どもはじめ福島県民を犠牲にしてまで手にする「経済」、「命」より大切なものなのか。≫

今も変わらぬ大本営発表

≪六月九日（木）近所の河原を散歩する。まぶしく輝く木々や草花、きらめきながらしずかに波打つ隅田川、鴨がよちよち土手を歩いている。ジョギングする女性、なにもかも昨年と同じのどかな風景だ。しかし、ここも目に見えない放射性物質が落ちているかも、と思うと散歩も楽しめない。まったく良い迷惑だ。

原発事故から三ヶ月近くたって、頃はよしというわけか、信じられない犯罪的行為が次第に明らかになってきた。

原口さんから、八年前、小泉首相の時代、東電原発の安全装置を当時社長だった勝俣恒久さんがすべて外していたという事実。水素爆発した後の放出量を三桁小さく発表していた事実。

つい二、三日前には一号炉から三号炉まで、メルトダウンを通り越したメルトスルーと訂正発表。そして昨日は津波の高さを四、五割増高く発表していたと。どんどん出てくるほっけの太鼓だ。

人々が知ったときはたっぷり被曝した後。ヨウ素すら飲ませてもらえなかった福島の子どもたち。かと思えば福島県知事からの要請で年間被曝許容量が二〇ミリシーベルトになったと。もう、ブラックユーモア通り越して、唖然とするしかない。

「はだしのゲン」を語っているから、なおぞっとするが大本営発表の戦時中と同じだ。そしてついに東京の下水処理施設内からなんと毎時二・七マイクロシーベルトもの線量が。普通の五〇倍、もちろん放射線管理区域なみ、飯舘村なみだ。下水に流れ込んで来た物質を取り除き水をきれいにする施設だから溜りやすい。東京都は今迄施設内の線量だからと発表していない、いったい普段着の作業員はどれほど被曝したか。

五月の段階で処理したものから一万ベクレルの放射性物質を含む汚泥の灰を放出。その八割はセメントに使用される。一キログラムあたり一ベクレルだと許可。しかし建物は一キロのセメントでできるわけはない。千トン使用したら千ベクレル。日本中が放射能まみれになってしまう。「こんなことが起きないように原発を止めたかったのですが……。今迄と違った世界に私たちは生きるしかない」。小出さんの「たね蒔きジャーナル」の声で一日が始まるこのごろ。非日常が日常になってしまったこの国の不幸。

今思えばまだまだ序の口だったのです。二〇一四年一月の現在は、放射性物質が一リットルあたり三万ベクレルなどというとんでもない汚染水が出ていて、記録を更新中。二月には地上タンクから二億四千万ベクレルもの高濃度汚染水が漏れ出している。これを報道する地上波テレビはほとんどないのですから、都合の悪いことは決して報道しない。これも大本営発表。

〈六月一二日（日）　昨年は「哀しみの母子像」で声をかけてもらった「憲法寄席」、今年はチャリティ公演として「チェルノブイリの祈り」とその後のシンポジウムにも参加させてもらった。昨日の千葉高校退職教職員の会で「いざとなったら原発作業員の決死隊に参加してください」といったら半分ぐらいがうなずいてくれた。続けて「でも退職エンジニアならともかく退職教師で役に立つかどうか」といったら笑いがおきました（笑）。

シンポジウムは司会は大西赤人さんで、田中三彦さん、山口正紀さんたちとあっと言う間の一時間。持って行った本、DVDは売り切れ。普段のフラストレーションが吹っ飛ぶような集会となりました！　打ち上げでは山口さんが「ぜひ、この講談を国会で」と。これ実現したいなあ、だって、チェルノブイリの事故のこと、放射線障害のこと、よくわかってない議員があまりに多いんですもの。福島の石川町から角田信さんが娘さんと来てくれた。なんと石川米からつくった泡盛で「自家用ばら酒」、炭酸でわって飲んだら高貴な味がしました、ご馳走さま。〉

いわきフラオンパクのイベントで講談教室を開催していたとき、石川町でも角田さんたち有志が「講談石川塾」を企画し、いわきに行く度に通った石川町。ここは線量が低い。戦時中、日本でも原爆が開発され始めたとき、中学生たちがウランを掘る作業をさせられた地区でもある。

ふくしま支援・人と文化ネットワーク始動

このままでは数年後、福島は忘れられてしまうのではないか。芸人の私、大勢の皆さんとまじめな活動をする特定非営利活動法人、いわゆるNPOとは無縁の立場でした。しかし、こうなったからにはNPOを立ち上げ、組織だって支援を続ける必要があるのでは……。神奈川県下二六店舗で寄付された洋服などを販売し、アジア支援活動をしているWE21ジャパンの理事長、郡司さんに相談してみようと、横浜へでかけ喫茶店で話を聞いてもらう。講談サロンの会員でもあり、高校の先輩でもあり、WE21ジャパン主催で「はだしのゲン」「チェルノブイリの祈り」公演も主催してくれていた。NPOを立ち上げてからは事務局として私をフォローしてくれてます。

郡司さんは「それはいいかもしれない。やりましょう」と快諾してくれ具体的に申請の仕方など教わり、都庁にでかけ説明会に参加するなど動き始めたのが、五月のこと。

震災後、いわきを支援しようと集まった同窓生たちと「いわきを支援するおんな達の会」をつくり一緒に活動しており、この中から秋吉久美子さんを含め、数名が賛助会員となって協力してくれました。この時の仲間は国立市で「種まきプロジェクト」を立ち上げ支援活動を続けています。

私たちと郡司さんはいわき支援からふくしまへと広げ、また、女性だけではなく、男性もいれよう、呼びかけ人を決めよう、賛同者を募ろうとなった。いよいよ動き出すことになるのです。

宮城、福島、被災地をこの目で

Hakobuneメールを読みすぐに名古屋へ避難した福田さんと友人の歌手盧佳世《のかよ》さんと立木さんと私で宮城、福島と被災地を訪ねました。佳世さんはこの後無常を感じたのか、一年近く活動を休止することになるのです。

❖六月一八日（土）震災から一〇〇日の今日、四人で朝七時に合流し、宮城県へ。高速料金一〇〇〇円割引の最後の土日ということもあってか結構走っている。

石巻に降りたとたん、魚と生ゴミのまざったような匂いがした。この匂いは現地へ来なければ分からないと、ほこり舞う道を走ってまずは女川へ向かう。

家々はまだ壊れたままだ、やっと手をつけだしたという段階か。ちょっとした湾の違いなのだろうか。海沿いの集落は被害にあっているところと無事なところがある。女川港は映像でなんども見ている津波襲来の場所だ。二四歳の女性が大津波警報を放送していて海にさらわれた役場、ビルが基礎からひっくり返っている。ビルの中の駐車場に収まっている車もそのままだ。「健康食品

飯舘村役場

一〇〇歳迄生きる」の看板がなんともむなしい。引き返して辺見庸の出身地石巻へ。彼の出た小学校は焼けただれていた。漁港にあるたくさんの加工場は波がぬけていき、見る影もない。小名浜港とは規模が違う広さ。魚の腐敗臭で鼻が曲がりそうだ。石巻漁港のすぐそばに住宅街があったのだから、つい先頃迄の人々の営みが想像できてなおさらため息がでる。多賀城駅のちかくのビジネスホテルに宿泊。ここも一メートル以上波がきて、水や泥がひくのに二ヶ月もかかったそうだ。ホテルの近くの飲食店は再開したばかりらしくほとんど満席。スナックのようなお店に入ったが中は結構広くて、お刺身も。ほやと鰹をいただく。とても美味しい。カラオケもあり地元の人たちと歌いまくってお話しし、忘れられない一日となりました。

一九日（日）八時半にでて宮城県は亘理へ。亘理の海岸線はほとんど壊滅。コンビニも鉄骨だけ。昔泥沼だった？「南泥沼駅」。地名は正直、大地にぽつんと車両が。ほとんど撤去されて建物がない道路をどこまでも。山元町の行き止まりは静かな海岸だ。少し小高い崖の立派な家。増築した部分が持って行かれたようで布団や茶碗がまるみえ。きっと避難所で生活されているのでしょうか。福島県新地へ入ると、線量計は〇・〇八マイクロで東京より低い。

南相馬は原発二〇キロ圏内立ち入り禁止区域でも線量は低い。松川浦は先月とほとんど変わらず、六号線の船々もそのままだ。飯舘村の役場はピカピカ、新しくてとてもおしゃれな建物。ボランティアの方と話す。来週の月曜に引っ越すとのこと。爆発直後に長崎大の山下俊一教授が来て、「マスクなどしなくても大丈夫」と。村人が安堵して普通の生活をしていた二ヶ月後、「明日避難します」と言われたとか、どれほど驚いたことか！　怒りが込み上げる。

放射性物質が雪で落ちた斜面を走る。どんどん線量は上がって行き、車のなかでも一四マイクロ、外の側溝で測ったらなんと八三!!　目眩がした。赤宇木《あこうぎ》は外で三〇、車中で一一もあった。抜群の新緑の景色をながめ、自然の景観に感謝し、深呼吸したくなるような景色なのに！

飯舘から浪江に三九九号でむかう。もちろん浪江の入り口で追い返された。Jヴィレッジの入り口で神奈川県警の若者に挨拶。写真を撮っている人がいたら声をかけることになっているのだそうだ。ここは線量は低い。いわき市に入った。久之浜、四倉、豊間、薄磯、ほとんど手つかずそのまま、一体いつになったら復興できるのだろうか……。豊間の灯台の前のひばり像。まもなく二三回忌だ。「ひばりさんが生きていたら被災地激励のため、奮闘したでしょうね」と大ファンの佳世さん。我が家へ顔を出すも、両親は留守。やけに庭がひろくなったな～と思ったら、隣の家が更地になっていた。嗚呼！

4　生きてる私にできることは？

猛暑の中あちこちへ

七、八月は猛暑の中「はだしのゲン」や「フラガール物語」で各地を廻ります。

九日（土）は十数年前に「子ども核廃」で呼んでもらっている八千代市に再び「はだしのゲン」昼夜公演で呼んでもらいました。前日までの長旅の疲れもあり、また朝方、長女がゴキブリが出たと自分の部屋から私の布団へ避難。彼女が持参した目覚ましの音で数回起こされ睡眠不足。ふらふらしながら家事をすまして、一一時に機材車に乗り込み、いざ、勝田台へ。

ところがこの機材車、クーラーが壊れていて、熱風がモロに顔に当り、二時間辛抱、吹き出す脂汗、熱中症か！　意識もうろうとなって楽屋へ。二〇分ほど横になり、何とか復活。ところが今度は公演中に熱中症でお客さんが意識を失い、救急車を呼び会場から搬出される騒ぎもありました。語る方も観る方も命がけです（笑）。

思わぬドジも。七月一一日『年報・死刑廃止』の座談会に呼ばれ、「地震と原発と死刑」というテーマで、ＴＢＳの金平茂紀さん、文芸評論家の川村湊さんと、安田好弘弁護士、そうそうたるメンバーと座談会。安田弁護士に「東電の社長はなぜ死刑にならないの?!」と言ってしまい、直後に「あっ、ここは死刑廃止」！

一三日（水）は都庁でのＮＰＯ法人の説明会、これはガイドブックの解説といった感じ。書類の書き方など、私の最も苦手な分野だと再確認して猛暑の中、くたくたになって帰ったり……。

獄中弟子、眞須美さんを思い、怒りを新たに

◆二五日（月）練馬の東本願寺「真宗会館」にて戦争犠牲者追悼法要、「はだしのゲン」を一

席。その後、大阪へ移動。「林眞須美さんは無罪だ」集会、一三年前のこの日、カレー事件が起きた。今日は年に一度の天神祭と重なり浴衣姿の女性たちで大変な人ごみ。祭り会場の天満橋は会場の最寄り駅。林眞須美さんにはお祭りどころか、外へ出ることも許されないのだな〜と思いながら「シルエットロマンスを聞きながら」を一席。今週の週刊誌に紙コップの色についてずさんな鑑定があったと記事が出た。再審無罪でやっとネパールに帰れたゴビンダさんに続いて、鑑定をし直し、はやく再審してほしい。なにしろ彼女は証拠なし、動機なし、自白なし。あるのは保険金詐欺と報道陣への水かけシーン。報告によると、拘禁症がではじめたとのこと。手紙、面会だめ。三畳間で監視カメラ、音もすべて聞かれている毎日、どれほど残酷な毎日か。

片方では、ずさんな事故処理でいまだに放射能をまき散らし、どれぐらいまき散らしているか報告もなし。福島県民のみならず東日本を不安に陥れ、福島からうつくしい土地を奪い、家畜を奪い、水も空気も汚染しまくり、数十人の自殺者を出し、国中の食べ物を汚染し、子どもたちから未来を奪い、それでも、五億円の退職金を受け取り「わたしにも老後があるから」とのたまう人を守る国家。どうなってんの!!

西日本を死守して

二七日（水）　四日市市民会館で「フラガール物語」、この会場は大分前に「はだしのゲン」で呼んでもらっている。主催のこどもネットでは、被災地支援の義援金募金に取り組んでくれた。

嬉しいです。会場はなんと小学校低学年生が大勢参加、少し難しいかも？　と思ったけど、最後までおとなしく聞いてくれた。公演後はロビー交流会、被災地報告もして、「西日本を守って」とお願いし、最後はみんなで「からすの発声」で元気よく終了。

二八日（木）は来月の「フラガール物語」の事前講談ワークショップで知多市へ移動。昼夜二回、子どもたちと大声を出しまくる。昼は二時から夜は七時から、それぞれ四〇人位の小中学生や大人が自作の張り扇をもって、それはそれは元気一杯。講談の語勢で「勇ましい闘いぶり」を声をそろえて語り、最後は講談式の自己紹介、昼も夜も子どもさんたちの元気さが引き立った講談ワークショップ。ここでも「西日本を死守して」との私の訴えは続くのでした。

釜石から三陸海岸

八月、足をのばして、まだ訪ねてない被災地、釜石から三陸を視察することにしました。

まずは「率先避難者たれ」「てんでんこ」の防災教育がまさに子どもたちの命を救った釜石東中学校と鵜住居《うのすまい》小学校へ。ほんとにほんとに目の前が海！　よくも無事に逃げることができたものだ。まず、中学生たちが全員「率先避難者」となり避難所へ走り出す。屋上に避難し、これを見ていたとなりの小学生たち、「お兄さんたちが逃げている、ここも危ないかも？」と後について逃げ出す。途中、道を歩いていた年寄りたちも同行し、無事避難所のホームへ。居合わせた職員さんに聞いてみたら、ここから、また子どもたちは用心して逃げたそうだ。生きた教育はまさに子どもたちを生かした！　現代版「稲むらの火」だ。

釜石駅前のビジネスホテルは仮営業を始めていて満室。飲み屋も、チェーン店ではあるが二件再開していた。少し離れた地元の旅館に宿泊、ボランティアの人たちが沢山入浴にきていた。

二日は小さな漁港にも立ち寄りながら大船渡市、陸前高田市を視察。リアス式海岸の港は被害の程度の差はあるが、ほとんどどこも被災していた。広田湾に面している陸前高田の街は中心部もほとんど壊滅していて、果たしてここに街を復興して大丈夫なのだろうかと心配になる。海のそばの四階建てのマンション、三階までやられている、なんという高さ！

気仙沼は被災地が水につかりどぶの匂いがした。でも、中心部は大丈夫で、日常生活がそこにはあった。以前に宿泊した駅前のホテルも無事だった。魚センターでフカヒレスープやノリなどを買い、帰路についた。

被災地は当然だがどこも表情が違う、匂いが違う、空気が違う、ただ被災された方々の静かな祈りは一緒だ。大勢の命を飲み込んだ海は見事なまでに静かで平和でのどかで、眠りをさそうほど。私はその眠りから覚めることができるが、犠牲になられた二万人もの御霊は……。

きょうも、同じセリフをつぶやく。生きている私にできることはなんだろうと。合掌。

中沢啓治さんのドキュメント

六日（土）　六六回目の広島原爆忌。猛暑の中、中沢啓治さんに会いに渋谷の映画館へいった。

相変わらずいたずらっこのような人なつこい笑顔。笑みを絶やさず語る中身は壮絶だ。私が講談で語っている中沢さんの体験の数々。二〇〇九年と二〇一〇年のインタビュー、途中で脳梗塞を体験し、二〇一〇年の映像は口元が違う。今はがん闘病中で広島在住。埼玉の上安松に住んでいた時、すぐ近所に中沢さんのお宅があり、ジョギングの時は家の前を走ったり、当時幼かった娘を連れてお邪魔したりと、二〇年前の思い出が甦る。原発震災が起きてしまった今、中沢さんの存在はますます大切になる。どうぞお大事に。

八日（月）　二日間の保育士試験を終えた娘といわき市の実家へ帰省。実家の近くの保育園で働きたかったのに一〇科目中一科目落とし、落胆している娘。実家の父が言う。「福島は、子どもらはどんどんいなくなって、保育士の仕事もなくなっている。若い人らは仕事がなくて困っているんだ〜」。娘を被災地に連れて行く。家の近所のヨットハーバーは立ち入り禁止。景色を見ることもできない。豊間も立ち入り禁止。そこら中で廃墟の解体、撤去の最中だ。四、五、六月と私が見た被災地はもう一般人は入れないのだ。久之浜の町中には入ることができた。被災地の風景は二一歳の娘の目にどのように映っただろうか。

一〇日(水)　昨日の平和宣言で長崎市長が脱原発を明言。当然のことを発言して大きなニュースになるところにこの国の闇がある。広島市長は菅首相が記念式典で原発について語ったことに不満を持っているらしいが、こちらの方が私には不思議だ。原発も原爆も目的は別でも中身は一緒なのだから。昨夜帰省した長女を被災地の久之浜へ。彼女は一二日にここでボランティアをする予定だ。更地になった前の家と塀がなくなり松が傾いた我が家をみて驚いていた彼女は、久之浜の様子をしずかに見回していた。

徳島での子ども保養に繋がった

九月一〇日（土）早起きして九時台の便で徳島阿波踊り空港へ。とても暑い！　友人の高開千代子さんが声をかけてくれ、第五一回「いのちとくらし・平和を守る女性集会」で講演です。タイトルは「原爆を語って二五年、今、故郷フクシマが」。今日も「徳島県を死守して下さい」から突入。思わず気合いが入ってお客さんたちに発声練習を強要してしまいました（笑）。休憩なしで二時間、質問コーナーも一人で喋りまくった感じ？　おかげさまで「ふくしま支援」賛同者がなんと一〇名様も！　夕方から歓迎会をやってもらい、車で移動して七時半からは眉山の山頂で有名な「花むそう」の阿波踊り見物。江戸時代さながらの衣装で、達者な踊り。パゴタの塔の上空には十三夜の月がこうこうと、踊る阿呆と見る阿呆を照らし出す……。眼下には街の夜景が。なんとも幻想的な一夜を体験させてもらいました。翌日、高開さんからいただいた新聞資料にはパゴタの塔の由来が書いてあった。戦争中徳島県出身の将兵六二一六人がミャンマーで戦死、戦没者を慰霊するため今から五〇年前に建てられたそうだ。もしかしたら戦没者たちも昨夜は一緒に阿波踊りを楽しんでいたのかもしれない……。たった一日の滞在なのに盛り沢山の徳島を体験できました。

この歓迎会で福島の子どもたちを徳島で保養させて欲しい!と発言したところ、それが翌夏に実施されたのです、感謝感激。

さよなら原発デモ五万人集会

◆九月二〇日(火) 今日は雨天、昨日は天気も味方した「さよなら原発デモ五万人集会」。なんと六万人も集結。一晩たち興奮がようやく収まりました。ウン十年ではじめてだ。一二時五〇分千駄ヶ谷のホームで「圧死」するかも? との危機感を感じたのは。身動きができないホームに次々と滑り込む電車。そして集会参加のため、降車する大勢の人たち。一歩も動けず。改札出るまで二五分、こんなことってあり?

改札出るとひときわ目立つ! オレンジの法被をきたサロンの面々。「香織倶楽部」の旗印のもとに講談教室の一〇人が集結。遠くは天草からも生駒研二さんが参加。気の毒なのは私の次女。ヒマだから行ってみようかな?と参加したはじめてのパレードがよりによってすごい混雑だ(笑)。明治公園の周辺での待ち時間が長過ぎたか、行進が始まってすぐ疲

れたと最寄りの駅へと直進。その後、講談教室の生徒さんのパワー全開し、かけ声勇ましく！娘にはこの盛り上がりを体験して欲しかったのだが……。

「怒」の旗のもと福島から老若男女大勢が参加。国民がこれだけ原発事故で苦しんでいるのに、野田佳彦首相は国連で「これからも動かす」と表明するのだそうだ。ドイツではシーメンスが原発から撤退を表明した。事故を収束もできないでいまだに放射能をまき散らしている国が、原発続けるとは。ひとりで考えていると絶望しかないから、だから皆で声を出す。声を出すと力が湧いてくる。昨日はそんな思いを強くした一日でした。さあ、この勢いで一〇〇〇万署名を集めよう。

この日の武藤類子さんのスピーチ「私たちは今、静かに怒りを燃やす東北の鬼です」は伝説となり、集結した全員の、いや、ネットで見聞きした人たち全員の感動をよび、武藤さんは脱原発運動のシンボリックな存在となっていくのです。

ピーター・バラカンさんのラジオ番組に出演

二三日(金) すっごくひさしぶりに六本木へ。TOKYO FM「THE LIFESTYLE MUSEUM」。ピーター・バラカンさんと山内トモコさんの番組にゲストで呼んでもらいました。この番組はポッドキャストでも配信。

バラカンさんは「田中さんはラジオ体操〜」の時、終了後の対談を聞いていたし、一九日のデモにも参加と、一方的によく存じ上げている。そのあたりからスタート。「チェルノブイリの祈り」

の一節を語り、思いのたけを話すうちに、えっ、もうおしまい！　と終了時間。ミッドタウンの外にでたら、すぐに織音からメール、家族全員で聞いてくれたとか。またツイッターでは知らない方からこんなメッセージも届いた。「今、ＦＭ東京の放送聞きました！　芸人として、社会に対峙する腹のくくり方、見事であります！　どうしても、聞きたいという衝動にかられておりま す！　ごめんなさい！　取り急ぎ今の気持ちをつたえたかったのでＤＭで失礼です！」

@omusubiBENさん、ありがとう！♥

5　繋がれば力になる

ＮＰＯ法人「ふくしま支援・人と文化ネットワーク」設立総会

まずはじめに理事の面々をご紹介します。

高校時代の親友、薄井清美さんはイベントや総会の時、受付、販売を担当。同じく同級生の金田成子さんはプロも太鼓判を押すほどの経理の腕で当会を支えてくれてます。郡司真弓さんは今、韓国で福島報告を重ね、脱原発運動の連携を図っています。お陰で福島のこども保養、韓国でも実現しそうです。横田朔子さんは、元保健婦さん。３・11以後は、たんぽぽ舎で脱原発運動に精力的に参加。当会では、福島支援のＴシャツ販売担当者として活動。西山秀樹さんは全労済ホール／ス

後左から薄井清美、郡司真弓 神田香織、広重隆樹
前列左から金田成子、横田朔子、西山秀樹

ペース・ゼロの支配人、高校時代は磐城高校演劇部で、磐城女子演劇部との交流があり、お互いあの頃は若かったなあ〜と。広重隆樹さんも同学年、今はライターの職を活かしチラシやメルマガ発行など広報を担当。高知出身のはちきん、横田さん以外はみないわきっぺ。震災がなければ再び遭うこともなかったと思うと感慨深いものがあります。理事は他に神奈川県出身の小林一さん。茅ヶ崎の家をリフレッシュハウスとして提供してくれてます。NPO法人アジア起業家村推進機構の常務理事としても活躍中。監事は税理士安居謙太郎さんとサロン一期生の吉田織吉さん。安居さんは横浜NGOネットワークで郡司さんと知り合い引き受けてくれました。吉田さんは一般社団法人東京キワニスクラブの理事会長で世界各地を飛び回って子どもたちのための奉仕活動に力を入れておいでです。もちろん皆ボランティア。ことほど左様に、NPOも講談サロンも見事にリンクし、みんなで繋がれば力になる！を地でいっているようなメンバーでございます。

◆一〇月一日（土）最後の残暑？ 日差しが強く日傘をさして歩くご婦人方を広尾の交差点

でうらめしげにみながら、長い信号待ち。午後一時半、JICA広場二〇二号室にてNPO法人「ふくしま支援・人と文化ネットワーク」設立総会は五〇名（予定四二）の参加をもって無事終了しました。

この日ハワイアンズは一部営業再開、他もイベント目白押し、そんななかでの設立総会。よくぞお集まり下さいました、西山さんの議事進行、郡司さんの事業計画案とテンポよく進行。ゲストスピーカーは「物置のピアノ」（桑折町が舞台の映画）制作中の橘内裕人さん、いわき市在住のTシャツデザイナーの松本規義さん、福島を包み込むようなロゴをプレゼントして下さった若松雅通さん、飯舘村でつい先日除染活動に参加した小林一さんと興味深い発言が続く。

講演会は小高商業高校長齋藤貢一さんの現場報告。身につまされました。そして、生徒さんたちによる商品のプレゼンテーション。この生徒さんたちのかわいいこと。まるでAKB?!

もともと女子校で今も九割が女生徒。なかにはお父さんを津波で奪われた姉妹も。「大根かりんとう」ができるまでを丁寧に説明してくれ、それも、ぜんぜん訛ってなくて……時代の変化を感じました(笑)。

「人と文化ネットワーク」は、一八年前いわきに出戻ったとき、四倉の郵便局員だった猪狩弘之さんが考えてくれたネーミング。当時四倉に住んでいた林家とんでん平さんと実家に出戻ったばかりの私。落語家と講釈師で好評をえた「いわき・人と文化ネットワーク」。今、「ふくしま支援」となって再生!!

過酷な未来が立ちふさがっている。「ひとりだと気弱になる。繋がれば力になる。感性豊かにしつこく支援」、いよいよスタートです。✿

「脱原発をめざす女たちの会」発足

一〇月一一日（火）　福島瑞穂さんから声がかかり、二つ返事でひきうけた「脱原発をめざす女たちの会」の呼びかけ人。その記者会見が参議院議員会館で開かれ、たまたま空いていて参加。座長の吉武輝子さん「男の人は後片付けができない。原発の後片付けは女たちにまず任せて」とさすがの挨拶。

私は「チェルノブイリの祈り」の話をし、最後に「男の人はうじうじしている。女たちについてきてほしい」とつい「フラガール」のセリフが飛び出し、会場に笑いが。二〇〇三年に京都で「チェルノブイリの祈り」を聞いてくれたアイリーン・美緒子・スミスさんと昼食をご一緒する。これから国会議員たちにねじを巻きにいくという彼女、頼もしい！✿

東京新聞「こちら特報部」の取材を受ける

✿一二日（水）　午後から東京新聞の取材を受ける。記者は中山洋子さん。私の話をときどき涙を拭いながら取材する中山さん、東京新聞が部数をのばす理由をかいま見た気がした。

その後はドイツ国営放送の監督さんと打ち合わせ、といっても言葉が通じないから、通訳のソニアさん頼り。なんとかまとまり、お土産話にと「大衆酒場」へご案内。イスラエル出身の監督、食わず嫌い？　うなぎにもうなぎの肝にも手をつけませんでした(笑)。

一三日(木)には横浜で市民の手によりストロンチウムがみつかります。世田谷の高線量は「ラジウム」だったと判明したものの、関東各地にホットスポットがあり、千葉県にはいわきより線量の高い地域も……。放射能には県境はない現実を引き受けざるをえなくなるのです。

千葉大で「チェルノブイリの祈り」ドイツの取材

一五日(土)　風雨がもっとも激しい時間に片手でキャリーバッグを、片手で傘をもち駅へ。朝から腰痛があったのがますますひどくなって西千葉駅着。「たいしたことない」と思いたい気持ちをあざわらうかのように痛みは徐々にひどくなる。でも雨があがって幸い。正門でソニアさん、シュナイダー監督、シャロームカメラマンと落ち合う。ガラガラひいて歩くところから撮影開始。よりによって、髪も風であばれ、ぎっくり腰になりかかっている状態で、ドイツ国営放送ZDFの取材をうけることになるとは。それでも「外郎売り」で口慣らししているのを聞いてその早口に驚いた様子(笑)。あっと言う間に髪をアップにし、着物に着替えると「東洋の神秘」を見たような顔になっていたのが面白かった(笑)。終演後、会津へ向かう彼らを見送って、小林正弥教授の話をもっと聞きたかったが、腰痛のため、車で帰宅。

二一日(金)　国内撮影を終えたドイツ国営放送のシュナイダー監督とシャロームカメラマン

が明日日本を発つ。千葉から会津、会津から新潟、京都、長崎から広島とすごいハードスケジュールをこなして今夜は赤羽で一杯やろうと。さあ、ほろ酔いで立ち飲みシーンの撮影。若い女性が二人加わってくれて、撮る方も撮られる方も、酔っぱらって楽しそう。明日の仕事のため、私だけお先に失礼した。赤羽丸健水産、おでん屋さんは時間オーバーしてもとても親切でした。シュナイダー監督が「もんじゅ」の地鎮祭で神主がお祓いしている写真のコピーを示し、自然や命を守る神道の神主がなぜ生物を滅ぼしかねない原子力施設でお祈りをしているのか？　と尋ねられた。原子力の危険性を勉強せず、仕事として、あるいは慣習としてただ受けていると答えた。事故がないようにお祓いしたのでは、あまりに能天気。もんじゅ、まともに動かせず、今、一日五五〇〇万円の税金を注ぎ込んでじ〜っとしているのだから。それにしても「文殊」「普賢」などおそれおおい名前をなぜ原発施設につけましたかね。ばちがあたるというものです。

こちら特報部の写真は「チェルノブイリの叫び」

◆二三日（日）朝、新聞を読んでいてすごい顔の私の写真を見て、目が覚めた。なんでまあ、よりによってこんなおてもやんのような、ムンクのさけびのような写真を載せるのかね〜。これじゃ「チェルノブイリの祈り」じゃなくて「チェルノブイリの叫び」だ、と思いつつ、こちら特報部の「フクシマの怒り語る」記事を読んだ。中山記者が涙ぐみながら取材してくれた記事、心がこもっていて、写真のことは許そうと思いました。うちの父親のことも書いてある、さっそく送ってあげましょう。

午前は理事会、午後は亀戸公園の「団結祭り」。新聞を読んだ人たちから、随分と声をかけてもらった。年に一度の団結祭り、毎年恒例の靴を買って名残惜しくも解散。〉

「女たちは立ち上がり、そして座り込む」

〈二七日（木）「女たちは立ち上がり、そして座り込む」経産省前の福島の女たち（四〇人）の座り込みに参加。秋晴れの中「怒ふくしま」の旗が勇ましい。私が福島県で過ごした九年間。平和フォーラムの取り組みで「チェルノブイリの祈り」「はだしのゲン」と県内何度もツアーを組んでもらった。春夏秋冬の福島の景色が走馬灯のように思い出された。あの美しい自然は、見た目は同じでももう別世界だ。悔しい。今日、福島から参加のほとんどの方が私の講談を聞いていてくれたり、実行委員として切符を売ってくれたり……。なつかしい顔、顔、「こんな形で再会なんて悔しいね」と挨拶するもすぐに「がんばっぺ！」福岡県の福津で避難生活をしているフェイスブックの友だちとも出会った。四歳の息子さんは保育園になじんで福岡弁が上手になったとか（笑）。女たちの闘いには笑顔があり、思いやりがある。いわきの人を捜したが今日は参加なし。明日はくるのだろう。三日間で県内から一〇〇人が参加するのだ。その後は全国からの女たちも続き、座り込みは来月六日まで続く。

応援で座り込んでいるのはほとんど東京近郊の女性たち。知り合いが結構いて「東京新聞読んだよ」と笑いながら声をかけてくれた。中には「なんだあのひどい写真は」とはっきり言う男性も。あの写真は相当インパクトが強かったようです（苦笑）。

「人と文化ネットワーク」の仮リーフレットを配る。そしてマイクをもって挨拶もさせてもらう。ひとり入会したよとツイッターで連絡があった。うれしい。

たまたま今日の朝日新聞の夕刊に「ふくしま支援・人と文化ネットワーク」立ち上げの記事が掲載されていた。「一人だと気弱になる。繋がれば力になる」を実感した一日でした。

京都は円山公園で

一一月三日（木）の憲法集会は一四〇〇人もの皆様が円山野外音楽堂に結集。大阪経済法科大学の澤野義一先生の講演と私の「はだしのゲン」公演。ちょうど良い天気の下、一時間半ちかく集中して聞いてくださり、語っている方も、ハンカチを出してそっと涙を拭う人など、ひとりひとりの表情が見えて、講釈師冥利に尽きる集会でした。売店担当の横田朔子さんと高橋織丸さん、なんといわき支援のTシャツが三〇枚以上売れました！　打ち上げでは実行委員の皆さまがご自分の考えを滔々と！　京都はさすが歴史があるなあ～。

四日は実行委員長の木原さんご夫妻の案内で京都観光、太子山「奇應丸」さんで町家の説明をゆっくり伺い、静かなたたずまいの中庭に時間がとまったような、その昔の生活ぶりが目に浮かぶようでした。昼食は音戸山の畑善さんで懐石料理をごちそうになり、その後は「織成館」で西

陣織りの機織り見学と、思い出深い観光となりました。木原健一さん、和子さんありがとうございました!!♥

NPOの会員でもある木原さんご夫妻がリフレッシュハウスに提供してくださった奈良のお宅へ、二〇一三年暮れ福島の家族が滞在、感謝の手紙をいただきました。

♥六日(日)はいわき市。アリオスで「吉野せい文学賞」授賞式記念公演。なんと女性三人が受賞。最年少は一七歳の高校生。いわきの女性パワーを発揮? 帰りには本がたくさん売れて、故郷の人は温かいです。「ふくしま支援・人と文化ネット」からは薄井さんと郡司さんが参加。

夜は郡司さんと現地のNPO関係の方たち二人と食事。原発の被害を受けた人たちをターゲットに、いろいろなNPOや弁護士が入ってきている現実について話を聞く。

原発被害の賠償金の申請書をサポートするNPOや弁護士にも、被害者側の立場でサポートする人と東電側に有利になるように仕事する人たちがいるのです。東電はいまだ、誰一人逮捕されず、冬のボーナス二〇〇万とか(怒)。

実家には原発事故の「健康管理調査」の問診票が届いていて、八五歳の父は息子にまかせていると、ほとんど関心がない様子。テレビでは「放射能測定値」が流れ……。福島は放射能とともに生かされているのだな〜としみじみ(泣)。

七日(月)は、小名浜社会福祉協議会と地元のNPOザ・ピープルが主催の「小名浜地区交流会」。小名浜公民館で地震や津波で被災して借り上げ住宅に住んでいる小名浜の皆さんと交流会。終了後は楢葉町と広野町の皆さんが住む一〇〇〇軒の仮設住宅へ。二〇キロ圏内の楢葉町民はウッドの家、三〇キロ圏内の広野町民は普通のプレハブでした。昼はお年寄りたち、夕方は子どもたちが集う地元NPOが建てたパオが。農作業につかっていたもののリユースだとか。外の明かりが差し込んで温かい雰囲気でした。

驚いたのは被災者の魚屋さんが仮設住宅に小さなスーパーを開いたこと。お店に入ると「香織さんだ〜」と声をかけてくれた。ちょうどおいしそうなめた鰈の煮付けが出来上がっていました。なんでも一時間前に予約するとか。少しずつ仮設住宅に生活の匂いが漂い始めていました。〉

佐藤栄佐久前知事と再会

〈一二日（土）夕方、佐藤栄佐久元福島県知事の講演会、テーマは「うつくしま、福島をあきらめない」に参加のため、植田駅（常磐線）へ向かう。明日は好間公民館（いわき市）で仕事だからとてもタイムリー。原発のみならず道州制など多岐にわたるテーマで語ってくれた。3・11以降三〇〇社以上の海外メディアが取材に来たが、地元福島県の地方紙は一度もこないで、「ル・モンド」紙のインタビュー記事を紙面で紹介したというのには、唖然……。県民の安全のため、プルサーマル導入に厳しい姿勢で経産省や東電と渡り合って来た、実に理想的な首長だったのに。

愛媛新聞からは三回も取材を受けた。七〇年代の伊方原発反対で地方自治、民主主義の問題ととらえ学者もがっぷり組んで裁判を闘って来た歴史がそうさせるのだろう。七〇年代から既に、国、官僚、マスコミが一体となり「原子力帝国」に反対する人を排除する仕組みが出来上がっていた。自分はドン・キホーテのようだったと回想。❯

そのドン・キホーテは私たちに貴重な資料を残してくれた。日本原子力の宝といわれる、福島県エネルギー政策検討会が二〇〇二年一二月に発行しました中間とりまとめ「あなたはどう考えますか？ 日本のエネルギー政策」だ。ネットで読めるからお勧めします。

「脱原発をめざす女たちの会」キックオフ集会

❮二三日（水）は「脱原発をめざす女たちの会」呼びかけ人によるキックオフ集会。壇上に次々とあがってひとり三分。たった三分だが、皆さん一人ひとりの立場、脱原発への思いなど、とっても力強く、説得力があった。私はきっちり時間を計って「チェルノブイリの祈り」のワンシーンを音入りで語った。もちろん「このつづきは二七日に新宿で」と最後に一言。椅子に座ったとき、となりの小山内美江子さんが「よかったよ」と言ってくれてうれしかった。後の田中優子さんも「チェルノブイリの祈り」について「言って良いかな。この後うまれた赤ちゃんがたくさんの障害をもってうまれ、すぐ亡くなるのです」と続けてくださった。この田中さんの着こなしのいいこと！ 上原公子さんも着物姿で私たちのグループはなんと三人も和服。そのせい？

東京新聞の朝刊には私たちのグループの写真が載ったのでした。でも、照明が当たってない上に下から撮っていて、皆こわ〜い顔にみえたのは、ちょっとね。東京新聞は記事はいいけど写真

がね（笑）。❖

「ふくしま支援・人と文化ネットワーク」第一回イベント

❖二七日（日）「ふくしま支援・人と文化ネットワーク」第一回イベント「ふくしまの今を考える　講談『チェルノブイリの祈り』とトークセッション」は予想以上のお客様が来てくださり、無事終了、私は喉の調子がいまいちだったので、咳き込まないか、鼻水が出ないか、それだけが気がかりでしたが、途中いつもより水を多めに飲みながらなんとか、いつもどおり語ることが出来ました。これからはどんなに忙しくても体調管理第一です。

講談の後のトークセッションでは、都内で二カ所で講演があった、佐藤栄佐久さんも立ち寄り初めに挨拶してくれて、それから福島市常円寺の阿部光裕さん、いわきスカイストアの松崎康弘さんから映像を入れながらの報告。汚染米があらたに出た大波地区に近い阿部さんのお寺の近所に出現した「昭和新山」ならぬ「平成新山」（除染した土をトラックが運び積もり積もって山のよう）の話、雨で泥が流れて国道に。こんな汚染土がただもれで……。こういう情報はまったく入ってこない。おそらくそこら中でこのような「処理」の仕方がされているとしたら、除染の意味はただ汚染された土を「移動」しているだけでは？

松崎さんは震災以後のいわきの農家の苦悩、そして取り組みについて話された。おだやかな語り口からもご苦労が伝わってきた。

いわきは放射線量が比較的低い。最近は農家の作物の汚染度を測って安全な作物を出荷している。これが広まれば、県内の農産物の風評被害もなくなっていくのでは。今、有機農業の土地は、放射能の汚染物質を吸収するという検証もされている。たまたま今日二七日「脱原発ふくしま有機ネット」が立ち上がった。食生活はもっとも身近なもので、関心も高いので、次回は有機ネットの取り組みと、実際に野菜の販売も考えても良いかもしれない。その放射能を取り除く現場の取り組みのバスツアーを組んで、視察し、説明を聞いたりして、首都圏と福島県内有機農家を直結して販売できたら~と。いろいろ考えるきっかけになった第一回目のイベントでした。

一一月三〇日（水）今日は日暮里で鼎談。「週刊新社会」の年頭の企画で「福島原発避難者の生きる権利を」。小高町から国分富夫さん、大熊町で三月中旬に新築した家に引っ越す予定だった大賀あや子さん、おふたりとも会津で避難生活をしている。当事者ならではのなまなましい報告、「若い人のみならず、年寄りも、帰れるのか、どうなのかはっきりしてほしいと訴えてる、若い人たちには将来がある、そして年寄りは残り少ない人生を大切に生きたいと切望している。帰れないなら科学的な証明をしてはっきり帰れないといってほしい」と大賀さん。政府は彼らの身になってはっきり「引導」を渡すべきだ。このまま「へびの生殺し」では年の瀬も新年もむかえられないというものです。お二人の報告は新年号をごらんあれ。

一二月二日（金）今年大ブレイクした新聞、東京新聞の中山記者に誘われて「理由のない忘年会」に参加。なんと、有楽町の東宝ダンスホールが会場。洋画のワンシーンかと思うようなドレス姿の女性たちがところ狭しと踊っている、それを眺める感じで約一時間ボーッと。すっかり別世界気分が出来上がったところで別会場へ。今をときめくジャーナリストたちや出版関係者や東京新聞記者たち。なかにはあの日野美佳さんも。彼女の「氷雨」に青春時代にワープした私たちは、興奮覚めやらずもう一軒。やがて電車もなくなり、タクシーで帰還したのでした。❖

この忘年会には二〇一二年八月二〇日、中東シリアのアレッポにて取材中、銃弾に斃れた山本美香さん（享年四五歳）も参加、中山記者が紹介してくれました。えっ、この小柄で美しい方が戦場ジャーナリスト?!と新鮮な驚きでした。私がよく言っている「講談師はジャーナリストの先駆け、流れ矢があたっても良いぐらいの覚悟で戦場に行き、その様子を大勢に伝えた」、これを口にする度に山本美香さんのことを思い出します。

❖四日（日）　北赤羽区民館で「脱原発をめざす講演会.in北区」、浪江町から北区に避難している門馬洋さんの話は怒りにみちて、それでいて上品で胸が塞がるおもい。「北区子どもを放射線から守る会」の田尻香織さんの報告にはびっくり。マンションの一階に住む田尻さんは小学二年生と四年生の母親。子どもたちの鼻血がとまらず自分で庭などを除染したそうだ。甲状腺をはらしている子どもも。北区でも進行する低線量被曝の実態に皆、唖然。学校は給食食材の線量を測らない。彼女は子どもたちに弁当を持たせている、子どもの親同士でも温度差がある現実。小学四年の娘さんが自主的に書き出した放射能ノート。一〇歳の子どもにこんな思いをさせているのだ！　超党派のこうした取り組みは今回がはじめてだそうで、ぜひ引き続きやってほしい。なに

しろ、今は戦時下なのだから。

田尻さんはその後自分と子どもさんに嚢胞が見つかったことをきっかけに移住を決意、子どもさんの卒業を待って今年四月、シンガポールに移住します。

講談サロン香織倶楽部第六回発表会

七日（水）　講談サロン香織倶楽部第六回発表会。今回はベテラン勢が裏方を担当してくれて、福山から駆けつけた新人の新納さん、陶器のガマ持参の田口さんが初高座。新作はスカイツリーのカイダンをのぼって発電しちゃうという鏡さんの「冬のカイダン」、郡司さんの被災地支援「福島物語」、笑いの中にも知られざる原発反対運動の実話がおりこまれ、水準高い!!　とは打ち上げ会場のお客さんの声。古典を披露した他のメンバーも持ち味が充分に出ていて、そでで聞いていて感心したり、ハラハラしたり、笑いをこらえたり、しばらくは思い出し笑いが続きそうです！

八日（木）　氷雨の一日。先日は粉ミルクからセシウムが検出され、赤ちゃんがいるお母さんはそれでなくても食物汚染が心配なのに……女子どもを粗末にする、こりゃだめだと憤りつつ、神奈川連合女性委員会二〇周年記念講演に呼んでもらい、横浜で「フラガール物語」を。この講談は聞く方も語る方も元気になるからあら不思議。やっぱりこれからは女性パワーだ、逆境にもにこやかにしたたかに、です。

九日（金）　木馬亭昼席。震災で知り合ったブログの友だち、時雨さんがお花をもって楽屋に来てくれた。初対面なのに、とても懐かしい感じがしました。なんでも私が小学六年で通学班の班長だったとき一緒に通学したとのこと。「いつも三つ編みで……」そう、あのころいつも三つ編みでした、ああなつかしい。私たちが子どもの頃は自然の中を縦横無尽に転げ回って遊んでいたっけ……。今の福島の子どもたちのことを思うと胸が締め付けられる。時雨さんとはこれからも励まし合って、知恵を出し合って、支援の輪を大きく広げることができそうな予感。時雨さん、きょうはお目にかかれてうれしかったです。

「第二三回多田謡子反権力人権賞受賞講演会」に参加

一七日（土）「第二三回多田謡子反権力人権賞受賞講演会」に参加。永年反原発でがんばってきた石丸小四郎さん、佐藤和良さんたちが受賞したのだ。ハイロアクションの女性たちも参加、武藤類子さんの静かな語り。大賀あや子さんの涙の訴え。いつ聞いても胸がいっぱいになる。二八日には今年最後の東電前抗議と経産省前行動があるそうだ。ぜひ参加したい！

二三日（金）郡山まで足をのばし、「集団疎開裁判」の報告、広河隆一さんの講演を聞く。郡山は強風で寒かった。駅から出るとすぐに線量は上昇し、〇・四とか〇・五マイクロシーベルト。それなのにほとんどマスクなし。子どもたちもマスクなしで走り回っていた。チェルノブイリでは事故後三年とくに変化がなく安心して生活していたら、その後ばたばたと病気になった。そのチェルノブイリでは強制避難区域の線量で郡山の子どもたちは生活をさせられている、嗚呼！

二八日（水）朝六時に福島をバスで出発し「原発いらない福島の女たち」が東電に「年末のご挨拶」に来た。申入書を手にし、東電内に入れてと願う女たちに東電の係の方はとても冷たく接したそうだ。寒空の中、なんとトイレも貸してくれず……。その女たちを経産省前でお出迎え。私が福島に住んでいたとき「チェルノブイリの祈り」を聞いてくれた人たちだ。「あの消防士の妻を可哀想に思ったけど、今やわたしらの方がもっと可哀想になっちゃった〜」。武藤類子さんの音頭で「会津磐梯山」を歌って彼女たちは銀座へビラまきに移動。私はその足で薬研堀不動院へ。問屋街は歳末の売り出し中、財布を二つも買ってしまった。中身もないのに(笑)。

恒例の「張り扇供養」、今年は、震災の犠牲者の皆様のご冥福を心からご供養。帰りに港合同法律事務所の来年会に。安田弁護士お手製のおいしいカレーを頂き、仕事納め。

二九日（木）『プロメテウスの罠』にも登場する浪江町の門馬さんご夫妻に「香織チャンネル」

に出演していただく。四〇年前三人で始めた反原発運動、それがこの事故に遭遇し、今は北区に住んでいる。北区に移り住んだ当初はあまりの憤りに体調を壊されたとか。門馬さんは静かに言う。「浪江町に戻れというなら、まず東電の幹部の皆さんが住んでください。自分たちの孫を浪江の学校に通わせて、浪江の水を飲ませてください。そうなれば私たちも戻ります。浪江の人たちは戻りたくても戻れないのです」。東電の幹部の皆さん、「率先垂範」ですぞ。

三〇日（金）午後、若者でにぎわう原宿、少し入った住宅街でぱたんぱたんとお餅つき。友人宅の餅つき大会でつきたてのお餅をご馳走になる。白ごま、黒ごま、おろし、納豆、くるみだれ、のり巻き、雑煮、おいしいのなんの。大勢の皆さんが集まり会話もはずみ。子どものころ、土間で毎年両親が餅つきをしていたのを思い出す。つきたての餅をこねるひいおばあちゃんとおじいちゃん。あの頃は原発もなく……。生みたての鶏の卵を食べ、絞りたての牛の乳を鍋で沸かして、それを飲んでから学校へ。……ふかした大豆を若かりし母が笑いながら踏んで味噌作り。それらの様子が昨日のことのように思い出される。あのような「質素で贅沢」は福島県から消えてしまった。

そんな生活を望んで福島に移住した人たちも福島を去らざるをえなくなった。すべて放射能のせいで。東京電力放射能ばらまき事件のせいで。

あと三時間で二万人近い方が犠牲になった大震災の年、二〇一一年が終わります。しかし、チェルノブイリ以上となってしまった史上最悪の原発事故は「収束」するどころか、海に山に田畑に、都市にと放射能被害は拡散し、今後ますます……。年末の一週間、あちこち動きました。そして二八日の張り扇供養を終えた翌日扁桃腺をはらし、鼻風邪状態で大晦日を迎え今、今年最後のブログを書き終えました。「はだしのゲン」「チェルノブイリの祈り」を語ってきた私としては今も忸怩たる思い……とても新年をお祝いすることはできませんが、皆さま、一年間支えてくださり、ありがとうございました。NPOの方もいよいよ本格始動開始です。来年も応援のほど、よろしくお願いします。

闘いは明るく楽しくしつこく

2012年

1

闘いは明るく楽しくしつっこく

燎原の火のごとく

二〇一二年盛り上がった「脱原発」の機運。

どれぐらい盛り上がっていたか、「NPOふくしま支援・人と文化ネットワーク」の広報誌「此処彼処《ここかしこ》」に掲載の「一年を振り返って」を紹介します。

二〇一二年は脱原発の機運が盛り上がり、当会も私個人としても予想以上の活動を展開できた年でした。思いつくだけでも、一月は世界中が結集した脱原発世界会議、当会もいわきから「日々の新聞社」の安竜昌弘氏を招き立ち見がでるほどの盛況。

二月には松山や徳島に呼ばれ、「四国を死守して」と福島の現状を語って歩き、三月には新宿スペースゼロにて福島の子どもたちの絵画展「3・11あのね。」を開催。いわき市の農家との交流、援農ツアー。

五月には『裸のフクシマ』の著者たくきよしみつ氏の講演会。個人的には警戒解除なったばかりの二〇キロ圏内の南相馬市小高区を取材し、時間が止まったままの風景に言葉もなく……。

八月には『クロワッサンプレミアム』誌上で高橋哲哉さんと対談、九月はチェルノブイリ・ミッションツアー、一二月には高橋哲哉氏、佐藤和良氏を招いて当会主催の講演会とトーク。

下北沢の「香織チャンネルイン音倉」では、いわきゆかりの「フラガール物語」「安寿と厨子王」など三回のライブ。たまたま音倉の近くに富岡町からの避難者が経営する「双」があることを知り、忘年会を開催など、多種多様な活動の様子は紹介しきれませんので、ぜひHPをご覧ください。

また講演会のたびにボランティアの皆さんのお手伝い、この場をお借りしてお礼申し上げます。支援Tシャツも予想以上に売れて、子どもたちの保養事業に弾みがつき、リフレッシュハウスを利用された皆さんからの感謝のメール、手紙などに私たちも感動、と、当会だけでもこれだけの活動ができたのですから、日本中でさまざまな取り組みが展開され、毎週金曜日には東京では官邸前後、国会周辺行動、各地でも集会が開催と大きなうねりになったのは言うまでもありません。

しかし、〝敵〟もさるもの。この盛り上がりを警戒して、暮れに青天の霹靂のような都知事選、総選挙を仕掛け、結果は、時間不足資金不足で脱原発はひとつになることができず、〝敵〟の思うつぼ。年明けからの「アベノミクス」で腕ずくの景気浮揚策。原発同様、未来の子どもたちにまた借金を押し付けて得意顔の政権を目の当たりにし、お先真っ暗、気力も落ちてしまいがちです。だが、ここで私は確信します、NPOを立ち上げてほんとによかったと。当初からのキャッチコピー「ひとりだと悲しくなる、つながれば力になる」！　これからが正念場です、智慧の使いどころです。えっ、なぜそんなに前向きなのって？　はい、私にとって昨年もっとも鮮烈な記憶は、七月一六日の代々木公園一〇万人集会。メインステージで司会を担当。炎天下一七万人もの仲間が日本中から集結したあのエネルギーは本物です。辛いとき、炎天下気持ちがひとつとなったあの身体に刻み込まれた興奮を思い起こして、脱原発をめざし、今年も「闘いはたのしく、明るく、しつっこく」です。一緒に繋がっていきましょう！

（最後に、八月に休暇で訪ねた天草、せっかくだからと市長さんにご挨拶、その場で市長さん、福島の子どもたちの保養に協力すると会員に加わってくださいました。一二月には無農薬農家の方から「福島の子どもたちに」と県内の養護学校七校にお米が一八〇キロプレゼント。その窓口となったいわき育英舎の小学生九人を招待する夏休み天草保養が決まりました。「いわきと天草をつなぐ夏休みキャンプ」、子どもたちの喜ぶ顔が目に浮かぶようです。カンパのご協力よろしくお願い申し上げ、簡単ですが私の報告にかえさせていただきます。）

二〇一四年一月の今、読み返すと、原発をなにがなんでも推進しようとする輩のなりふり構わぬ仕掛け、演出が透けてみえて怒りが蘇ります。暮れの「都知事選」これですね。空気をかえる転機となった第一弾は。四月に石原慎太郎前知事がアメリカ訪問、ワシントンでの講演と記者会見で唐突に尖閣諸島を東京都が買うとのたもうた。それなら国で買うと当時の首相、野田佳彦さんがしたり顔でおっしゃった。さあ、中国が怒った、韓国も怒った、ナショナリズムをあおる、国民の目をそらすための常套手段だ。多くの国民は素直にあおられて今日に続いているわけですね。

二〇一三年はまったくもって彼らの思惑通り？　大手マスコミから福島の情報が少なくなる。そして、少なくなった情報量に反比例するごとく、放射能汚染水はじゃんじゃん流されつづけ、毎時一〇〇〇万ベクレルの放射性物質は今現在も放出されつづけ、心身ともの健康被害、原発事故関連死はうなぎのぼり、福島県民は棄民状態。憲法の基本的人権、幸福追求権など夢のよう。政府は憲法を遵守しないどころか、「ええい、こんなものしゃらくさい」とばかりに憲法を変えようとしているし。

あっ、いけない、また怒りでキーが叩けなくなりそう(笑)。さあ、それでは、二〇一二年にタイムスリップし、あの盛り上がりを反芻しましょう。

いわきの夜明け市場、そして草野小学校へ

❖東京が雪になった一月二三日（月）のうちにいわきへ移動。案の定二四日の電車は乱れ、高速も一部通行止め。二三日夕方いわき駅前のミスタードーナツでは、原発作業員の斡旋か、四人の青っぽい作業服をきた男性たちが、一人は細かい金額を言いながら電話をかけまくっている。原発事故の最前線となったいわきの現実。友人の志賀新さんが昨年一〇月に始めた焼き鳥屋「ありがとう」はあっという間に満席。仮設住宅を請け負っている建設会社の人たちも。

八時過ぎ、震度五弱の地震に見舞われる。地元の客はすぐに屋外へ出て電話をかけまくり。慣れている。原発は何事もなかったようだが、安心してお酒を飲むこともできないのだな〜いわきは。

二四日（火）　午前中は中央台の田中かほるさん宅の線量を測る。目の前がいわき中央公園、日当たりが良く一等地だが〇・二マイクロシーベルトあった。公園は〇・三マイクロ。除染対象の公園の窪地には仮設住宅が並んでいる。目の前はいわき光洋高校。この高校に通う孫がいる田中さんの心配は尽きない。

小中学生も参加しての草野小学校での防犯講演会。私が講演している間、立木寅児さんが近所のガソリンスタンドへ。そこにはこんな張り紙が。「福島県からの脱出は保護者の務めではありません」という見出し。

「生活の場の移転や日常生活における過剰な移動などにより発生する危険（身体的精神的危険）が、放射線被曝による危険を上回ることがあることを認識してください」なんてことも。保守王国福島とは言え、こと放射能に関してはこれはまずい……。

この張り紙を立木さんがツイッターに載せたら大勢の人が拡散して話題となりました。

下北沢音倉から徳島まで

◆一月二六日（木）　歌手の庄野真代さんが代表を務めるNPO法人「国境なき楽団」のライブハウス、下北沢の音倉で「香織ちゃんねるイン音倉」が始まりました。初回は「常磐炭礦余聞・フラガール物語」。昨年の大震災と原発事故で休業を余儀なくされ、昨年一〇月に一部再開、二月に大々的にオープンするスパ・リゾート・ハワイアンズ。映画でもおなじみ、四六年前、石炭から石油へのエネルギー転換で炭坑閉山と首切りの嵐の中、ハワイアンセンターを成功に導いたフラガールたちの物語を自分の体験や評論を入れての一席。

飲食しながらの「フラガール物語」を演じるのは初めて。福島の報告に続き「フラガール」が始まると皆さん飲食を控え、聞き入ってくれた。途中で私が水を飲んだら、あうんの呼吸でお客さんたちもぐいっとお酒を(笑)。ライブならではの親近感があり、たのしく、ほんとにたのしく語らせてもらった。

ユーストリームで配信している「香織ちゃんねる」に登場してもらった浪江町の門馬さんご夫妻も駆けつけてくれました。娘さんが住む北区で避難生活中の門馬さんは元教師で、四〇年前、たった三人で反原発の運動を始めたうちのお一人。ご夫妻はあの『プロメテウスの罠』第一回で紹介されている。

二月二日(木) 三軒茶屋で世田谷区長の保坂展人さんの後援会「元気印の会」の新年会。皆さんには五年ぐらい前、下北沢で「チェルノブイリの祈り」公演で呼んでもらっている。保坂さんが国会議員時代、二度応援して二度とも当選。二〇〇五年の衆議院選挙はなんと東京比例区自民の余った票で当選というウルトラ技。国会の質問王でほんとに活躍してくれた。

昨年の大震災後、急遽世田谷区長選に立候補、みごと当選された。脱原発をかかげ、区役所では東京電力ではなく民間から電力を買い、一億も節約をするという。また、線量の高いところに住む子どもたちを呼ぶ「ふくしまっ子リフレッシュ in 世田谷」に取り組んでいる人たちや、遊びを通じて子どもの心のケアをしているNPO「プレーパークせたがや」の皆さんとも知り合うことができました。

二月三日(金)「市川母と女性教職員の会」で「原発について考えよう〜『チェルノブイリの祈り』」。以前に「哀しみの母子像」を聞いてくれた先生が推薦してくれ実現。

市川は江戸川が近いせい? 線量が〇・二ぐらいある。これはいわきでも線量が高い方の中央台と同じ……。嗚呼。会場条件は決してよくなかったし、参加者も多くはなかったですが、テーマがテーマだけに手応え十分。女性教師の皆さんに福島の現状をたっぷり聞いてもらい、怒りを共有し、また、ほぼ同世代だけに子どもの話等、約二時間、外は寒いけど、熱く語り合う。フェイスブックで知り合った方が二人も来てくれました!

「放射能からいのちを守る全国サミット」

◆二月一一日(土) 福島駅に隣接する「コラッセ・ふくしま」で開催の「放射能からいのちを守る全国サミット」に参加。

夏休み等に保養地として家を利用してほしいと、「ふくしま支援・人と文化ネットワーク」の湘南、花巻、京都、奈良の会員さんたちが申し出てくれた。数日でも高線量の地から離れると子どもたちの細胞がリフレッシュできるのです。

サミットは一一、一二日開催され、一日目は避難者受け入れの事例紹介と午後は分科会、そして分科会のまとめ発表。二日目が全国の支援団体と被災者・避難者支援の相談会。二日目で具体的に決まるのだけど、私は一日目しか出席できず。

分科会は「保養プログラム」に参加し、相談しようと思ったが、あらかじめ決められた事例報告で終始。で終了後司会の方に相談したところ、「震災直後と違って今は落ち着いている。子どもネットにメールで書き込めるので、そこへ登録しては」とアドバイスをいただいた。アドバイスを活かし、かつ、連絡があることを祈りつつ、会員さんからの物件コピーをチラシコーナーに置く。

一日目の報告は盛り沢山、避難された人たちの生の声、受け入れ先の工夫等大変参考になった。まずは主催者の挨拶、佐藤幸子さん「避難を呼びかけようと思った矢先に県が『一〇〇ミリまで安全』キャンペーン。それを信じて多くの県民が動かなくなってしまった」。避難生活を送る女性「なにげない普通の生活を大切にしてください。私たちはそれができなくなりました」。一六万人が県内外に避難し、うち六万人が県外で生活をしている現実がある。

事例報告として受け入れに積極的な北海道は札幌「むすびば」から。「むすびば」は昨年の三月一六日にできて、雇用促進住宅に沢山の避難者が住んでいる（約一五〇世帯五〇〇人）。お茶会から自治会へ。そこに保育施設も作った。イベントや地域と連携して一緒に行動。自主避難した人たちが活発に動いていて、いつでも受け入れている。受け入れに積極的な北海道に感謝。

関東の避難母子の会は三一家族の会員で六月一一日に立ち上げた。品川に拠点があり、私もテーブルを提供させてもらった。月に一度集まって情報収集している。利点は仲間と語りストレスの軽減、正確な情報、会員同士の交流など。三月には国連に二人派遣し、都立高校での講演も予定。子どもたちに福島の現実を知ってもらう貴重な取り組み、ぜひ語り部として継続、拡散してほしいと願う。そういえば国鉄闘争団もお母さんたちが語り部となって支援の輪を広げていったっけ……。

大阪からは街づくり支援協会。阪神大震災のとき発足。お年寄りたちがひと月ごとに約五回ぐらい引っ越しをして、やがて連絡がとだえてしまうケースが多かったそうだ。避難者が生活の場を自ら築く。雇用をつくり、ソーラー利用で年寄りも子どもも住める賃貸住宅「カントリーファーム」（参加型街づくり）が奈良県にできるという。

京都も三月一六日には福島県に現地連絡所をつくり、四六〇世帯一三〇〇人以上受け入れている。関西は阪神大震災の体験があるから積極的でノウハウもあり、分科会でも驚いたが自然にお互いの連携ができている。この「おせっかい」精神、関東などもおおいに見習いたい。

分科会は予定数をはるかに上回り、立ったままの参加者多数。先ほども書いたように発言の機会がほとんどないなか、無理矢理のように立ち上がった私の隣の沖縄の方、「石垣島には神奈川、埼玉、千葉、東京など関東からの避難者が多い。福島からは常時一五〇人ぐらいが生活している。しかし石垣も安全ではない、汚染されたものがどんどん入ってくる、それを放置したままだったらどこへ避難してもむだ、汚染されたものを流通させない仕組みが必要」。なるほど、その通りです。

終了後は三〇〇人を超す参加者がバスに乗って温泉旅館へ移動。みっちりつめこんだ一日目、全国各地からの参加者の発言したい思いはきっと交流会で炸裂したことでしょう。それができずに帰りの新幹線に向かう私はせめても……と、コラッセ一階の物産店で先日利き酒会で頂いた会津のお酒ワンカップを一個買って帰るのでした。

脱原発一〇〇〇万署名イン松山へ

〈二月一八日（土）　雪が心配されたがとてもいい天気、ホテルの窓からは松山城がくっきりみえた一八日、男女共同参画センターまでキャリーバッグをひきながら散歩がてら二五分歩いて到着。郡山市議の滝田春菜さんの現地報告に、会場は水を打ったように聞き入る。私もなんどかため息が出た。除染を町内会に任せ、汚染土をどうするかで住民同士がいがみあう。避難した人、したくてもできない人たちとの軋轢、自然の中で戯れることもゆるされず、外遊びが三時間しかできないで、まもなく一年をむかえる子どもたち。何より人間関係を分断して本当の敵が分からなくなっている無念さ。しみじみ伝わってきました。

先週の一二日、静岡で開催された東海ブロック集会で聞いた、秋田に移住した中田さんの話を思い出す。私が「チェルノブイリの祈り」の消防士が放射線障害で日々別人のように変わっていくワンシーンを語った後の中田さんの発言。原発の水素爆発後、南相馬にボランティアに入った彼女はその後、甲状腺がはれて、腕の内側に水ぶくれができたと言う。程度の差こそあれ、あきらかに放射線障害の症状だ。彼女は元旦の地震で意を決して秋田へ引っ越した。「思い切って秋田へ引っ越し、子どもが外で遊ぶのをみて、これが普通の生活なんだ、移住してほんとによかった」。仕事の心配等大変だろうが、まだ若い中田さん、頑張ってほしいと心から思った。

一〇〇〇万署名まであと五〇〇万、目標に向かって心を一つにした松山での集会の後、滝田さんから話を聞きながら東京へ。「被爆者援護法」いわきでは議会で決議され、郡山ではうまくいってないという。徐々に放射能の話題は敬遠され、何事もなかったかのように生活しようとしている……。滝田さん、ぜひ情報発信して！　とツイッターを薦めて、東京駅から新幹線に乗り換える彼女を見送った。

脱原発杉並デモはカラオケまで登場

一九日（日）　昨日は晴天のもと、脱原発杉並デモ、東高円寺から阿佐ヶ谷まで大変楽しいパレードに参加。先頭はフォークダンス隊、キッズ隊、カラオケ隊、ヘビメタあり、ちゃりんこで動かすステージあり、演奏あり。お酒もある屋台もありでなんでもあり。なんと共産党と社民党と新社会党ののぼりが一緒に風に舞っていた！　警備の、すごい数のおまわりさんたちがあたふたしながら走り回っていました(笑)。私たちは「神田香織一門香織倶楽部」のオレンジののぼり旗のもと、にぎやかなカラオケ隊について歩きました。

講談サロンの織福さんもステージに登場。スナックで歌うと嫌な顔されるという「東京砂漠」

の替え歌「東京被曝」を披露、その声のよさと、歌詞の中身、講談サロンの宣伝もして、大受け。終了後、何十年ぶりでフォークダンスを踊り楽しいのなんの。楽しさは後を引き、私たち四人はカラオケへ移動し、存分に歌ったのでありました。

二一日は山ノ上ホテルで佐高信さんと対談。『俳句界』という雑誌の「佐高信の甘口でコンニチハ」のコーナーで、これは二〇一三年五月発売の対談集『佐高信の異才面談』（七つ森書館）に掲載されています。

二五日（土）は新井薬師の梅照院、縁が輪市へ。四回目を迎える東北復興支援のこの市は内容が盛り沢山。まずは一〇時過ぎからミニシンポジウム。郡司真弓理事がパネリストとして出演。続いてオリーブ挿し木のワークショップ。こちらには薄井理事も参加。私はその間、二階の和室で檜枝岐《ひのえまた》歌舞伎を中学生たちが演じるドキュメント「やるべえや」を観た。その昔、お伊勢参りに村の代表ででかけた人が歌舞伎を観て、「おれほうでも、やるべえ〜」と。以後代々村人の手によって継承されている。文化祭で演じるため村の中学生たちが取り組んでいく……。

その後はメインホールでの会津親善大使による「白虎隊」、実に初々しく美しいお二人でした。明大付属中野中・高音楽部の弦楽演奏、これもお見事。つづいて、いわきの松崎康弘さん（オリーブプロジェクト代表）のギター演奏と中野の商店街からと東北からの産品、飲食も楽しみつつ、中野と東北の輪は繋がっているなあと実感。ロシアやチリ産のウニだけど、いわきのウニの貝焼、それなりに？美味しかったです。

いわき市の農家との交流と援農ツアー

◆三月三、四日（土、日）　当会ではいわき市のNPOザ・ピープルとの共同事業として、「いわき市の農家との交流と援農ツアー」を開催しました。福島は原発事故だけが大きく報道され、その陰で暮らしている人たちの日常生活についてはあまり報道されてない。この機会に津波被災の状況、農家の人たちの悩みと課題を聞き、さらに交流を通して、今後の福島の在り方について共に知恵を出し合おうと、首都圏から二三人が参加。

私は三日に秋田で工藤新一市議の会で講演があり、翌朝こまち、やまびこを乗り継ぎ郡山駅へ一一時半に到着。八年前東京から遠野町に移住している方に運転手をお願いして、昼過ぎ、いわき市遠野町の為朝《ためとも》集落の集会所へ到着。

皆さんは春菊の収穫、ビニールハウス作りなどの農作業を終え、地元の女性たちの心尽くしのカレーで昼食中。私も早速いただいた。朝取りの野菜のサラダ、美味しかった。もちろんカレーも。この地区は井戸水で生活。4・11の余震の影響でわき水を取水できなくなり断水が続いている（いわき市の地震被害は3・11よりこちらの方が甚大）。国が災害と認めないため、新たに水道を設置するとこの集落で一軒一〇〇〇万円の自己負担が必要だといわれているそうだ。昼食の後は参加者の感想を聞く交流会。予想以上だったと皆さん興奮気味でした。同地区にオーガニックコットンを栽培したいと思っていた方も参加し決定！　その土地でみんなで集合写真。うまくいくことを祈ってます。

久しぶりに実家に泊まる。一月いっぱい原因不明の病で?歩けなくなっていた父は回復していて安堵。ただ耳が前より遠くなり、ラジオの「認知症のくい止め方」を「民主党のくい止め方」と聞き違えたりして(笑)。私としては認知症より民主党の暴走を止めたいのだが……。》

2 想像力を鍛えよう、見えないものを見るために

「さよなら原発徳島実行委員会」結成総会

《三月一二日(月) 大震災から一年目の昨日は、羽田空港から阿波踊り空港へ。走る男、中野勇人さん(「国鉄労働者義士伝」のモデル)が迎えにきてくれ、会場のアルティ徳島へ。ここは昨年九月にも高開千代子さんたちに呼んでもらった会場です。四国には今年毎月呼んでもらっていて、先月の松山市でも聞いてくれた方がまた数人参加してくれていた。うれしい。会場は立ち見が出るほどの四〇〇人。「さよなら原発徳島集会」の一部は「さよなら原発徳島実行委員会」結成総会で、二時四六分黙祷の後、小出裕章さんのビデオレターを受けて私の講演。福島の怒りを伝えるぞ! 伊方原発再稼働させないぞ〜と私のテンションはのっけから上がり、瓦礫受け入れや食べて応援に対する訴えから入る。自分でも何が口をついて出るか分からない(笑)。相当鬱

憤が溜まっていたのだわ。でも皆さん、泣いたり笑ったりであっという間の一時間でした。懇談会では福島の子どもたちの保養地にも話が及び、夏休みに実現できるかも？

今日は「阿波木偶の人形会館」で人形の制作法等説明を受ける、素材の桐は会津産、からくりのばねはくじらのひげ、艶顔のおしろいは牡蠣のからを石臼で挽いたもの。素材は自然のもので表情豊かな、四〇〇年も前からの阿波木偶人形。日本人の繊細さ、手先の器用さ……。本来、日本人には知恵がある、原発なんかなくたって絶対にやっていけると確信して（もっとも今はたった一基しか動いてないのだが）阿波踊り空港を後にした。短い時間で観光までさせてくれた高開さん、二日間安全運転で私を運んでくれた中野さん、ありがとうございました。◆

この懇親会での福島の子ども保養の取り組みの話が実現し、二〇一二年、一三年と郡山の子どもたちが徳島に！　感謝です。

娘、無事卒業式を迎える

◆一八日（日）は午前中、娘の卒業式。朝早く突然「着付けして」と起こされた。着付けのこと、なんどメールしても返事なし、もうすっかり自分で美容院の予約をして準備万端かとおもいきや、何もやってなかったのね〜。せめて前夜から言ってくれればとは思いつつ、内心安堵しながらひたすら着付けをさせてもらい送り出し、私も後から家政大学へ。これでやっと子育てが終わったのだと感慨無量。が「親」はまだまだ続く……嗚呼。

二九日までスペース・ゼロにて開催の「3・11あのね。」展、昨日に続き初日の今日も顔を出す。大震災、原発事故から一年が経ち、福島県民が塗炭の苦しみに喘いでいるのに、再稼働するぞと意気込む首相、なぜだ～、どうしてだ～、とここしばらく落ち込んでいたが、会場一杯の絵を見て回るうち、目の前がパーッと明るくなり、浜通りの海が、魚が、空が、景色が甦って来て、子ども時代にワープしたよう、鬱積した気分を一掃してくれた。ありがとう、子どもたち!!

版画家蟹江杏さんが相馬へ通って子どもたちを指導、ぐんぐん表現力を引き出した相馬の小三の子たちの絵画は、豊かな色使い、躍動感にあふれている。津波被災地の子たちの作文は原稿の文字がまた味わい深い。細かい字、整った大きい字、薄い字、お母さんを待ち続けている子もいる。今はどんな気持ちだろうか……。五時半からの初日祝いには講談サロンの有志もかけつけてくれた。蟹江さん、「親を亡くしたことを実感し、一年前より元気がない子が増えている。可哀想と思うけど、養子にするわけにもいかないし、……私独身だし」と深刻な中にもユニークな挨拶。

つるりん和尚の除染の輪

〈二一日（水）の福島市での「はだしのゲン」公演の翌日、常円寺の阿部光裕さんを訪ね、除染の取り組みを取材させてもらう。線量の高い渡利地区を通過して常円寺へ。眺めのいい高台にある常円寺の駐車場から遠景を撮影していると、作業着姿の阿部さんの車が。明日は三〇人ほどのボランティアが来るということで、すでに三人のボランティアの人たちと除染に向けた線量測定を開始していたのだ。早速、庭においてある汚染土が入った容器のふたをあけて、外との線量の違い等説明をしてくれた。すぐ近くの道路ぎわのホットスポット。葉っぱの線量は五〇マイクロシーベルトを超えている。道路の端にゼオライトの白い粉末が点在している。ここには近づくな、道路の真ん中を歩くようにという意味。そばを小さな男の子二人をつれた若い奥さんが歩いている。どんな気持ちで日々を過ごしているか、心が痛む。名古屋大の学生が体育館の外の砂利や土を測定していた。砂利の上は一〇マイクロ。この体育館は普通に使用している……。

車で辺りを案内してもらう。除染後の土がブルドーザーで運ばれ、大きな山がいくつもできている。雨でセシウムが流れて大波地区の田んぼへ。汚染米が出るのは当たり前ではないか。常円寺の裏山を近所から出た汚染土の仮置き場にして管理している。ここは粘土質でセシウムを吸収して逃がさないのだそうだ。除染の研究とボランティアの指導など阿部さんの日常はもはや放射能とは切り離せなくなっている。彼の積算被曝量も気になるところだ。

前夜の福島市での公演後の交流会、演目が原爆の「はだしのゲン」にもかかわらず誰一人、放射能についての質問はなし……。そこに福島市内で日常を営む皆さんの静かな慟哭を私は感じた。見えない弾丸が身体を縦横無尽に射通している日常、程度の差はあれ関東に住む私たちも一緒、見えないものを見ていくには想像力しかない、再稼働目論む人たちには望むべくもないが。

おいしい福島キャンペーンに絶句

◆四月四日（水）　春の嵐の翌日はおだやかでいい天気。ベランダの空鉢を巣に、いつの間にか卵を温めはじめた鳩。相棒が、昨夜の暴風雨をどこで耐えたのか、元気な姿を現したようだ。クックックックという二羽の会話で目を覚ます。それにしてもここ数日の天候のめまぐるしいこと。三一日は強風のためスーパーひたちが八時間も遅れて運行。二日は今度は常磐線で人身事故が二件続いて運休が続いた。結局私は一番確実な高速バスで二日にいわきへ移動。

さあ、帰ってから驚いた。まず夕方のローカルニュース。新年度初日、福島再生を誓う若者たちの入社式の様子に続いて四月から一部の地域に戻る人たちのインタビュー。川内村に帰った人いわく、「帰村できても雇用が問題だ、一五人いた従業員のうち一一人がやめたから仕事は続けられない」。そりゃそうです。寝起きだけはできるが、店舗は？　学校は？　次は「おいしい福島キャンペーン」のお知らせ。「風評被害もありますが県産のものをどんどん食べてほしい」と野菜を食べてる映像の後、キャスターが堂々と言っている！

おいおい。県内の小中学校ではすでに一万二千人が転校しているが、今年度新たに三〇〇人が転校したと。見ていた父親がぽつんと「放射能なんてこわくないんだぞ」、テレビ、新聞からしか情報を得てない多数派の一人の彼は、一年経ってそのように「洗脳」されたわけです……。福島県から、いわき市から、放射能の話題は次第に遠くなっていく。そして数年後の悲劇はそっと近づいている。

佐藤和良氏の報告

一三日（金）　文京シビックセンターのスカイホールへ。いわき市議佐藤和良さんと新潟の矢部忠夫さんの『東電原発犯罪』（創史社）出版記念講演会へ。一年前の四月三日、総評会館で現地報告し、今回はそれから一年の報告となった。

感性豊かな佐藤さんの話はいつも分かりやすい。一言で言って故郷喪失、特に双葉八町村は地域、コミュニティ、生業、人間関係が壊滅状態。すでに県民一五万人以上がちりぢりとなり、避難する人は跡をたたない。汚染地域にとどまることの困難さをひしひしと感じている。進学校磐城高校の受験者数が減り、入りやすくなった。昨日話した商店主は「復興といっても人材がいなくなる、あと三年で見極める」と言った。また、いわきには原発立地町村から三万人近い避難者がいて、田んぼを潰して仮設住宅を造っている。「仮の町」構想は変だ。帰還が前提だから。新たな区割りをしているのは推進してきた町長や国、東電。仮中間貯蔵施設の話も持ち上がっているし、また、四号機がいつ崩落するか……。人々はもはや帰るつもりはなく、買い上げてほしいと願っている。実害、風評のみならず結婚差別が始まっていて、彼の知るところでは四件破談になった。しいたけ、たけのこなど一次産業が壊滅。いわき市内に市民測定室を立ち上げ、ホールボディカウンターで調べているが、体内被曝量が累積している現実がある。一年以上汚染水が海洋へ流出し続けているから太平洋全体を汚染している。そして、マスコミ、国は「深刻さを忘れさせよう」としている。国民も「深刻さを忘れたがっている」。そして県民も。しかし、想像力を働かせれば今後どうなるか分かるはずだ。

佐藤さんの話に、「放射能なんて大したことない」と言った先日の父の言葉を思い出した。折しも今日、北朝鮮のミサイル騒ぎの陰で、政府は大飯原発再稼働の方針を発表。まったく、絶望が口をあけて待っているような現実だが、佐藤さんは一歩ずつ進んでいく。

今後は、市民測定室を充実させ、被爆者援護法を制定させ、「フクシマ原発告訴団」を結成し、国を告訴する予定。おーし、どこまでもついていくべ、応援すっぺ！

市民測定室「たらちね」は経済難の中無事継続中、当会も毎年寄付で応援してます。

〈二〇日(金)は大井町きゅりあんで「さよなら原発一〇〇〇人集会」、六五〇人が参加、私は「福島原発震災その壱」を発表。これから随時新たなネタを入れながらすすめていきたい。サロンのメンバー五人が販売を手伝ってくれ「人と文化ネットワーク」のTシャツもたくさん売れた。同郷の恵さん、おいしいパンと支援者の花屋さんのお花の差し入れ、ありがとうございます。橋本美香さん、落合恵子さんも「香織さんのお客さんからいただいちゃっていいの？」(笑)。

落合さんの最後のセリフ。私が講談で引用した武藤類子さんの名文「静かに怒りをもやす東北の鬼です」を、「私は激しく怒りを燃やす関東の鬼ばばあになります。この髪型それっぽいでしょ」。落合さん、相変わらずかっこいいです！〉

「原発震災その壱」は『プロメテウスの罠』から証言を紹介、また武藤類子さんの演説を紹介する時事講談として発表。この後「福島の祈りシリーズ」に発展して行きます。

二一日（土）船橋市宮本公民館での「チェルノブイリの祈り」の後、四時間半かけて下郷町へ移動。宿へついたらフェイスブックにFB友人の上田道夫さんから面白い報告が。

「チェルノ……」後の某講師の講演、ひどかった！　時間が短かったせいもあるが、まるで某医科大学の副学長Y氏の言うような内容に聞こえた。講演後、聴衆の一人が立ち上がり「そんな話を聞きに来たのではない、それじゃあ、まるで講談に託した神田さんの思いを踏みにじることになる」と怒りの声。会場からも拍手。アタシも質問したが、司会の公民館の担当者（？）曰く「神田さんのお話は〝講談〟という芸術の分野、原発や放射能の問題は皆さん夫々がご判断されるべきこと」だとか、わけのわからない言い訳をしてた。

これを読み嬉しくなったのは、おとなしい？一般のお客さんがよくぞ、思い切って発言してくれた！　その一点です。ほんとにこれからは一人ひとりが発言して変えていかなくては！ですね。「それぞれが判断」公民館さんも思い切った企画で、……狙い通りかも？

南会津は東京より低い？

二二日（日）午前は下郷町で「フラガール物語」を。南会津は大変線量が低くて〇・〇八ぐらい。はっきり言って東京より低いぐらい。福島県というくくりのため、昨年は大内宿の観光客が減ってしまったとか、これが本当の風評です。でも今は戻っていて、寒風の中、私も散歩。夕方は会津坂下町の光照寺で一席。和田和尚は昔から反戦平和、脱原発を唱え、また素晴らしい絵や言葉で表現されている。

終了後、町議の千葉ちか子さん宅へ民泊。見事な馬刺で歓迎会を開催してくれ、和田和尚も駆けつけてくれました。坂下町はちょいと線量が高いらしい……、千葉町議の悩みは線量の高い松戸に住んでいる息子夫婦を呼びたいが、千葉県から福島県へ「避難」というのもおかしなものと（苦笑）。

3 原発なしでも問題なし

全原発が停止した子どもの日

◆五月五日（土）こどもの日、今年は記念すべき「こどもの日」となった。午後一一時過ぎ、泊原発三号機が定期検査に入り、五〇機の全原発が停止したのだから。それでも電力は間に合っている。このまま再稼働させないためにいよいよ知恵と力を結集しましょう！　と、芝公園へ。その前に一一時から有楽町駅前で鎌田慧さん、古今亭菊千代さんと「一〇〇〇万署名」を訴え、昼食後経産省前テント広場でハンストの激励。そして、タクシーで芝公園の集会へ。五〇〇〇人も駆けつけてくれ、また、呼びかけ人の鎌田さん、落合さん、澤地久枝さん、内橋克人さんはじめ北海道や韓国など各地から。ふくしまの女性たちの登場で盛り上がった後、私も発言させてもらった。法被をきた織福さんと織峯さんも登壇。こういうとき、オレンジ色の香織倶楽部ののぼり旗はとても目立っていいのです！

その後、天気がよすぎて日焼けを心配しつつのパレード行進。北区の「放射線から子どもを守る会」の田尻さんも子どもさんたちと参加、きっちりマスクをした三人、えらい！　写真のときは外してぱちり。

さあ、知恵と努力でこの夏を乗り切り、原発の息の根をとめましょう。

「踊ろよ、マンボ」にギクッ！　小高区へ

一一日（金）　原発から二〇キロ圏内の警戒区域、四月一六日から解除となった南相馬市小高区へ。市内は平常通りの日常があるのに、小高はまるで一年前にタイムスリップしたようだった。商店街は崩れた家々がそのまま、書店の本もそのまま……。そしてだれもいない小高ふれ

あい広場のスピーカーから突然聞こえてきた「踊ろうよマンボ、私と愉快に、愛してマンボ〜」。駅の自転車置き場にはおそらく通学等で置いたままの自転車がもたれあっていた。

小高神社、石灯籠や鳥居の上部が落ち、それがシートの上に並んでいる。修理のおじさんが呆然としている「どこからはじめたらいいか……」。地震は相当強かったようで、双葉町の人が「双葉よりひどい」とおじさんに言ったそうだ。セブンイレブンは泥棒にあらされたまま……、事件現場だ。駐車場にはワインやウイスキーの空き瓶が転がっていた。ここで酒盛りでもしたのだろうか。三月一一日の新聞もそのまま。海の方へ向かう。津波に襲われた直後のような風景。あちこちにひしゃげた車が転がっていた。開拓地の圃場は海水がたまって、そこに鷺がやすんでいる。線量は〇・三〜〇・四ぐらい。海からの風の影響か、それほど高くはない。一階が津波で破壊された家の方々が写真を撮っていた。「まだ二〇年しかたってないのに……」と言いながら。

果たして小高へ戻って来る人がいるのだろうか。もしいたとしても、ここで生活を再建するのはどれほど時間がかかるのだろうか……。タイムトンネルをくぐり現実にもどって、帰りも六号線が通れないからまた飯舘村を通過していわきへ向かう。飯舘の田んぼはタンポポ畑だ。野山の碧がさまざまな色合いを見せている、自然が牙を剥いていた。

中央台の仮設住宅

いわきに住んでいた頃、相双地区にも度々仕事で行きました。その時の主催者の一人、佐藤龍彦さんは元郵便局員、今は社民党福島県連の副幹事長で福島市内に単身赴任中です。赴任する前に一家がお住まいのいわき中央台の仮設にお邪魔しました。

〈一二日（土）佐藤さん宅に集合してくれたお仲間もふくめ七人。お赤飯やおにがし、蕗の煮ものなど昼食を準備していてくれた。美味しくいただきながら世間話？のような雰囲気でお話を聞くことができた。皆さん楢葉町の方で楢葉町民が住む仮設はここでは二〇〇戸、他に広野町の人たちの仮設もある。この木造住宅はちょっとした山小屋風でロフトがついていて寝ることもできる。プレハブの仮設に住む人からは同じ広さでも天井が高いから開放的、木造の方が良かったとの声も。いずれも防音は問題。隣のトイレットペーパーのカラカラ音が聞こえると言う。若い婿さんが同居のばっぱ（姑）に「ばあちゃんは何歳まで生きるんだ」と聞いたとか。楢葉の民数は七八〇〇人、うち津波犠牲者は一一人。四月に警戒区域解除となったが、戻りますかと聞くと全員「いや〜戻れない」と。線量は一・二から二・八ぐらいあるという。たとえ戻っても仕事はないし、病院もないし、買い物も不便で魚もとれないし、野菜や米も不安とくれば、たしかに、戻れと言う方がおかしいというものだ。特に若い人たちはもう戻れない、ときっぱり言っているそうだ。〉

まるで「関東軍」の東電一家

〈当時の様子を昨日のことのように話してくれた。三月一一日三時三六分、津波がきて、東電関係者たちは四時半頃には原発が危ないと知る。そして、一一日の夜には栃木や茨城ナンバーのバスが東電社員を逃がすために集まり、逃がした。まるで「関東軍」のようだ。住民はどうか。三月一二日朝八時に放送された防災無線は「南に逃げなさい」というだけで、その理由については一言もなし。わけも分からずとりあえず「二、三日でいいべ」と勝手に決めて、着の身着のまま避難したそうだ。私が「原発事故」と思わなかったのかと聞くと、まったく思いもよらなかったと。これは意外だった。私などはここ二〇年ぐらい地震の度に心配したものだが……。その後の苦労は大変だったそうで、皆さん体育館や親戚を頼ったりと平均五〜七カ所の避難所を経て、昨年七月にこちらへ入居された。

避難所にもあたりはずれがあったそうで、食事が良すぎて八キロも太ったという人もいた。揚げ物が多く、昼食は弁もの、作ってくれた人に悪いからと残さずいただいた結果だそうだ。また千葉に避難した方は、いわきナンバーの車を見て小さい子たちが逃げ出したとも。この避難から得た教訓としてある方がきっぱりと「常に下着も服もいい物を着ること。お金は多めに持っていること」。なるほど。

楢葉町へは許可証がないと入れない。六月に一時帰宅に同行させてもらうことになった。短い時間だったが、皆さんの実感を聞くことができた。そして今は笑って話しているが、この仮設住宅に辿り着くまでどれほど涙を流したことか、容易に想像がつく。愛犬を保健所に送らざるを得なかった方の心境、数年かけて日本中からいい材木を集めて造った屋敷をあきらめきれない無念。それでも、いわきの人たちと補償金暮らしの彼らの間には溝ができつつあり、深刻さを増している、これはいわきのみならず福島県内を覆っている暗雲。敵を間違えるな、「政府も東電も事故の責任をとって辞めた人は一人もいない」事をわすれてはならないのです。〉

秋田の避難者と

〈一九日（土）　普段「たんすのこやし」になりがちな着物を着て、伝統文化と料理をたのしむ「川反夜会」に呼んでもらった。場所は秋田の繁華街で有名な川反の老舗「割烹かめ清」さん。女将の雑賀友子さんはとても熱心で、あらかじめ聞いておきたいと、なんと、一ヶ月前の千葉と奥会津の公演に泊まりがけで来てくれたほど。当日は昼の部で原発事故の避難者のご家族一〇名を招待してくれました。休憩時間は皆さんと歓談、なんと三時間もお話を聞くことができました。今、一〇六七人の方が秋田で避難生活をしているとのこと。原発立地地域から避難しているご夫婦たちはもう住めないと諦めていらっしゃる様子だったが、そんな様子に「どうしてそんなに普通に話せるんですか、帰りたくないんですか！」と声をあらげたのは郡山から幼い娘さんと自主避難したまだ三〇歳の方。夫は農家の長男で会社務め、実家の両親や兄弟たちも帰ってこいコール。彼女は目に涙を浮かべながら「帰りたい」と。「娘が毎日言うんです、パパに会いたい……」。おそらくそれは彼女の気持ちでもあるだろう。「秋田は言葉も違うし、やはり、福島とは違う」と彼女。きっと、秋田にとけ込むのをよしとしない自分がいるのだろう。なるべくお連れ合いに来てもらい、一緒にいる時間をふやして、それから秋田での生活に自分からなじもうとしてみて、とありきたりの事しか言えなかった。また、南相馬から自主避難し、仕事も秋田で見つけた四〇代の女性は小学生の息子と二人暮らし。「南相馬の葬儀屋で仕事をしていた。津波で亡くなった方々が次々と運び込まれている状態で、仕事をやめて避難した、一大決心だった」と当時を振り返る。そして「息子が二人、上の子は高校生で、何度言っても避難しないという。仕方がない。今は実家の両親と暮らしているが、心配で心配で」と涙を流す。そして「息子なりに勉強してこう言っている。『自分たちは国に捨てられたんだね、おかあさん』と」。高校生に、子どもたちにこんな絶望的な言葉をはかせるこの国の政府を、私たちは税金を払って養う価値があるのか！（怒）

二〇日（日）秋田からの帰りに花巻へ寄る。福島の子どもたちの保養にと「リフレッシュハウス」を提供してくれている方にお宅の下見と周りの案内をしてもらった。まあ、花巻の景色のすっばらしいこと！　どこまでも続く田園風景、遠景の山々、子どもだけでなく、大人も間違いなく癒される。一番近いスーパー、清水寺、高村光太郎山荘、県立花巻公園と案内してもらう。天気もよく、公園では大勢の家族連れが着物姿の私をめずらしげに見ていた。公園で汗を流し、公園と隣接している金矢温泉で汗を流す……行き届いている！　宮沢賢治記念館の前には「童話村」が出来ていた。記念館から「新花巻駅」はすぐそば。夏休み等、家族連れに楽しんでいただける事間違いなし、です。

残念ながら、まだ申し込みがなく……。福島ふくめ関東の皆さんも花巻リフレッシュハウス、ご利用ください。

二度目の九里学園高校

◆そして、二三日（水）は午前一一時半に米沢着。四年前に「はだしのゲン」で呼んでもらった皆さんが中心となって福島原発避難者支援のチャリティ公演「フラガール物語」。開演までの間、九里学園高校で短い講話をさせていただいた。「チェルノブイリの祈り」の抜粋を語り始めると水をうったように静かになって聞いてくれた高校生たち。中にはいわきからの転校生も。福島から車で一時間ほどの米沢には三七〇〇人の避難者が、山形県全体では一三〇〇〇人の方が住んでいる。山形は高い山々が放射能から守ってくれた。線量は東京よりずっと低い〇・〇四。

「フラガール物語」にはなんと五〇人近くの方々をご招待してくれた。避難者の会の武田さんに続いて私。マクラで福島の話をはじめると会場からはすすり泣きが。本編では大いに笑っていただき、懇親会も盛り上がりっぱなしでした。山形の皆さん、心に残る一夜をありがとうございました。◆

「ふくしま支援・人と文化ネットワーク」の年次総会と講演会

二七日（日）暑いぐらいの晴天、「ふくしま支援・人と文化ネットワーク」の年次総会と講演会、懇談会、ほぼ予定通り無事終了しました。総会出席者は正会員三八人、賛助会員七人、委任状六三人、正会員の中には遠路京都からきてくれた方も！

『裸のフクシマ』のたくきよしみつ氏の講演、吉田恵美子さんを交えてのトークセッションには一般の方も大勢参加してくれた。

メルマガ「原発通信」発行者の阿部進さんの感想を紹介。

広がる「被災者格差」。そして破壊されるコミュニティ

昨日、東京・広尾で行なわれた『裸のフクシマ』を書かれた、たくきよしみつ氏講演会に行ってきました。

たくき氏からは、福島第一原発事故で避難されている人たちの状況や、川内村の様子、避難先住民と避難者の間にできてきた〃溝〃などについて話されました。

まずは、二〇キロ圏、三〇キロ圏というけれどどれほどのイメージかということで、東京湾岸にある東電品川発電所を福島第一と見立てた地図を掲示。二〇キロ圏というと東京二三区はすべて入り、北は川口、南は横浜、西は三鷹、東は習志野がすっぽり入ります。三〇キロ圏になると西は立川、東は東京湾対岸の木更津市までがすっぽり。それほどの面積だということです。

現地を知らないマスコミによる増幅されたイメージの固定化、わざわざ線量の高いところにある学校に避難してきた子どもたちが通っているということ。避難誘導のまずさから放射性ヨウ素を取

りこんでしまった人たち＝内部被曝を受けた人たちが多く出ているだろうとも。

そして何より、「除染」ということで外から業者が入り、にわか景気の様相を呈しているといいます。また、賠償問題で生まれた隣人同士、避難民と避難先住民との軋轢等生々しい話が紹介されました。要はここでも「カネ」をめぐる生臭い話が展開されているのです。私も別のところで、避難の時のこと――避難所でのことなどを聞く機会があり、暴動が起きなかったということで海外から称賛を浴びましたが、暴動という派手なことがなかっただけともいえる状況があったとも言います。

たくき氏は言います。福島のことをわがこととしてとらえてほしいと。そう、関東も含め、東日本全域に放射性物質は降り注いだのですから。

いずれにしてもこの原発事故によって、これまでのコミュニティが分断され、分断のみならず「格差」「差別」等まで生み出し、まさにむき出しの人間がそこに現われてきているということです。その意味においても原発は〝罪作り〟です。

会の最後、講談師の神田香織さんが「誰がこの状態をつくったのか」と問いかけました。そう、原発をつくった政府・電力会社、原子力マフィアの連中のことを忘れてはなりません。誰がということを、追及しなければなりません。会社が、組織だとだけしたならば、責任はまた先の戦争責任の問題と同様、霧散してしまうでしょう。「誰が」に私はこだわっていきたいと思います。同時に、それを〝許してきた〟私たち一人ひとりが問われているのだということも。

「脱原発をめざす女たち六・二集会」

^六月二日（土）「脱原発をめざす女たち六・二集会」は、大飯原発再稼働許すまじ！と約四〇〇人以上が参加して盛り上がりました。飛び入りで加藤登紀子さんが一曲披露、大竹しのぶさんのビデオレターも。私は田中優子さんの後に。福島の現状、秋田での避難者の声、「チェルノブイリの祈り」の事故処理作業員の被曝の様を。田中さんは白っぽい着物、私は黒。打ち合わせた訳でもないのに以心伝心！　渡辺一枝さんの南相馬での仮設住宅の人々との交流、坂田雅子さん、上野千鶴子さんと名調子は続き……。

大飯原発再稼働という信じられない現実に女性たちは怒りの鉄槌！　それにしても「関西広域連合」ってその筋の名前っぽいし、やることもその筋っぽい？　一時でも橋下市長にすがろうと思った人は反省しなきゃ。「やはり人には頼れない」そう、もう自分で立つしかないのです。闘いは正念場！v

座高円寺で「チェルノブイリの祈り」

^八日（金）なんと夕方六時に官邸で野田首相が「国民生活を守るため、大飯原発三、四号機を再稼働する」と発表。大勢の仲間がツイッターで知らせ合って官邸前に向かっている。私も駆けつけたい！が、私がいなくては「チェルノブイリの祈り」公演はできね〜べ……、とマクラ

で挨拶、杉並区教職員組合主催、座高円寺での公演は「再稼働反対」の熱気の幕開けとなった。「事故がおきたら責任を取るというが、それならまず、ほったらかしの福島県人の責任をとってから言え」「私らの税金で国民に塗炭の苦しみを与える政治家を養うことはもうできない。政治家が私たち国民に牙を剥いた。私たちは生存をかけて彼らと闘わなければ」と随分勇ましい挨拶をし、皆さんに「語勢の発声」を練習してもらい、みんなで「再稼働やめろ〜」と。舞台も客席も気持ちが一つになって大いに盛り上がり、気がついたら三〇分もしゃべっていた。

マキが入って急ぎ本編に移ったが、次から次へと怒りが込み上げ、呼吸を整えるのが大変だった。なんども深呼吸して、講談に入り思いのたけをこめた一席となった。

講談終了後、書籍販売のサイン会のため受付に行ったのですが、なかなかお客さんたちが出てきませんので、どうしたのかな？

打ち上げで分かったのですが、締めの挨拶で杉教組の委員長が絶句してしまったのと、お客さんたちがほぼ全員アンケートに記入していたためと分かりました。このアンケートがまた熱い！

今回の野田首相の発言、絶望のふちにしがみついて生きてる福島県人の心をどれだけかき乱し、落胆させたことか！「責任を取る」ということは、講談では「切腹」だ。野田さんはもし事故が起きたら、そのお腹を出して、刀を突き立てる気があるのか！一人で切腹するのが寂しいなら、原発担当大臣の細野さんも一緒にどうでしょう。えっ、ぼくは切腹より接吻がいいってか〜〜（笑）♥

4 あじさい革命前夜の日々

二〇キロ圏内訪問記

さあ、いよいよ佐藤龍彦さんの一時帰宅に同行させてもらう日がきました。佐藤さんは二〇キロ圏内どころか、なんとフクイチ（福島第一原子力発電所）の入り口まで案内してくださいました。

◆六月一六日（土）　朝、いわき駅前にバスが二台並んでいた。一台は大熊町行き、二台目は双葉町行き。それぞれ原発作業員を乗せて出発していった。いわきはビジネスホテルもほぼ連日満室。ちょっとしたバブル状態だ。案内役の佐藤龍彦さんと合流し、佐藤さんの車に同乗し、二〇キロ圏内に向かう。

広野町に入ってすぐ、役場の前の古市さん宅で雨合羽を着て、お茶をいただく。古市さんの奥さんは安寿と厨子王の乳母、竹の出身地の出だそうだ。奥さんの家も津波に持っていかれてしまった。閑話休題。安寿と厨子王の母、信夫の方と乳母竹が一つの舟へ。安寿と厨子王は別の舟と離ればなれになったとき、竹は海に身を投げた。その竹が竜に姿をかえ、空を飛んで古里広野へ戻り、松にからまり血の涙を流したという伝説の「血塗りの松」はもうだいぶ前に枯れて今はないそうだ（実は血にみえたのは松やにだったとか）。蛇王神社では毎年六月には竹の祭りが開催された。去年からはお休み中……。

今、広野町には六〇〇人ぐらい戻っているが、インフラ、病院、仕事、補償などはまだ。本来は戻すのとセットでなければならないと佐藤さん。古市さんに案内してもらった二つ沼総合公園は作業員のための宿舎が建てられ、かつては子どもたちがきゃきゃと遊んだ遊具の周りは草ぼう、見る影もない。ここは〇・三マイクロ。少し移動してサッカー支援センターへ。三階の屋上からスタジアムを見下ろすと、作業員宿舎で埋め尽くされていて、時計が二時四六分で止まったまま。ここで古市さんと別れ、Jビレッジの検問を通って、いよいよ二〇キロ圏内へ。

天神岬から広野火力発電所を遠くに見て眼下の景色を見下ろすと、霧雨の向こうに津波でやられた様子がおぼろげにみえる。ここは広々とした公園で子ども連れで賑わっていた憩いの場所。私もなんどか来たことがある。線量は〇・七八マイクロ。

富岡町のエネルギー館前あたりで二・〇マイクロ。ここは長女を妊娠中に母と入ったことがある。もう二五年も前のことだ。二人で原発見学に行ったのだが、門番に追い返された。「危なくないならみせてもいいべ～」と交渉したが相手にされず、かわりに「エネルギー館へどうぞ」。エネルギー館の中身はキュリー夫人やエジソンが出てきて、かれらが原発を作ったような印象にしてあり、あきれ果てたものだった。

富岡町役場そば。無造作に置かれた放射性廃棄物。七・八マイクロもあり。それにしても役場のりっぱなこと。

フクニ入り口で〇・七マイクロ。夜ノ森の桜並木、雨に煙って寂しい限り。「リフレ富岡」は宿泊施設もある立派な建物、仕事で宿泊したことがある。ホールから宿泊施設までわざわざ長い廊下を渡る。遠いな〜と思ったものだ。四・二マイクロ。

フクイチの裏国道三九一号、四・〇マイクロ。

双葉町に入った。「原子力明るい未来のエネルギー」の看板を見てアウシュビッツのそれを思う。「労働は自由への道」。為政者は後ろ暗いことを企むとき、響きのいい言葉を生み出す。「社会保障と税の一体改革」もそうだ。そして裏切られ、国民は犠牲になる。なんども繰り返されると、もう悲劇なのか喜劇なのか分からなくなる。

院長が逃げたとデマがとんだ双葉病院。ベッドがそのまま。一五〇人以上の患者さんたちが避難中、避難先で亡くなった。

一〇〇億かけたオフサイトセンター、何の役にも立たなかった。

二年に一度避難訓練が行われたが、出るとお弁当が振舞われた。消防士たちが動くのをただ見学していただけだったと佐藤さん。

大熊町に入ると線量がぐんぐん上がる。熊町小学校、大熊中学校の前で三〇マイクロ。車の中でも一〇マイクロあった。

四〇〇人以上が津波の犠牲になった請戸地区、原発事故のせいで救助してもらえず衰弱死した人も。

小学校の建物がポツンと。小学生たちは避難途中通りかかったダンプカーに全員乗せてもらい、奇跡的に助かったという。

国民の生活を守るため原発を再稼働する?! ならば聞きたい。福島県人は国民ではないというのか。これを「死の町」と言わずしてなんと言えば良いのか（怒）。

「再稼働許すまじ」官邸前は怒り炸裂

◆二二日（金）再稼働許すまじと、官邸前行動に参加。五時半にいったらもう長蛇の列。在特会のスピーカーのうるさいこと。私は興奮し、ツイートで大忙し。「今、彼らは再稼働賛成と言っている」「どんどん列が長くなる、清志郎の歌が聞こえてくる」「私の護衛がつきました」（私の後ろに警察官）「やあ、やあ、我こそは！ 続々と集まってます！ 再稼働反対のシュプレヒコールが始まった」「官邸前は拡大し、首都高霞ヶ関をはるかにこえ、すごい事になってます」「千葉麗子さん、あじさい掲げ、あじさい革命宣言！ 二万人を超えました」「鎌田慧さん、安全性も理由もない、子どもたちを犠牲にする。許せない。僕たちはきめてない。野田首相、出て来い」。やさしくおっとりした口調の鎌田さんも活字にすると、はげしく怒ってる。「続いて落合恵子さん、私たちは絶対ゆるさない、……でも、みんな、怪我しちゃだめだよ」。

私も発言させてもらいました。ついに四万を超え、なんと車道が開放されました。「官邸前、浪江町の住民、希望の牧場主怒りの訴え！ 残りの人生をかけてがんばるぞ。そう、残りの時間、めいっぱい私たちも怒りの声を上げよう。ここにこれない人たちの分も」。

つぶやき始めたらどんどんRT《リツイート》してもらい、「今、この瞬間。見てこの真剣な顔つき、皆さん心から本気です!!」の写真は一六〇人も!

あるフォロワーは「明日の小平でのフラガール大丈夫かな」とつぶやいたら「フラフラガールにならないで」と笑わせてくれました。

黙っていたらストレスでやられてしまう毎日、凄い元気をもらった。おそらく皆さんもそうだろう。「ひとりだと気弱になる、繋がれば元気になる」。来週もいくぞ～!

一五万人集結、あじさい革命だ

七月一日(日) 今日の夜大飯原発が再稼働されてしまう。全国から大勢の仲間が大飯に入って抗議行動をしている。その様子を映像で見ながら、今書いている。一昨日の官邸前は五時半の段階で、前回の三倍もの人たち、心が躍った、これは大変なことになる!と。「神田香織一門」のオレンジの幟旗が他の旗と一緒に翻る。フェイスブックの友人が声をかけてきた。旗を目印に

講談サロンのメンバーも次々顔を出す。他の団体と一緒に行動しているサロンの仲間たちとも会えた。オレンジの法被を来た織福さんもプラカードを持ってほどなく到着。ヘリコプターが四機も雲一つない空から私たちを撮っている。どのヘリに山本太郎さんが乗っているのだろうか……。盧佳世さんも合流。福島からの女性たちが発言するため、急いでいる。武藤類子さんを見かけるも凄い人並みで声をかけても聞こえない。全国から続々集まり七時過ぎには車道は開放された。

これが革命というものか！

身動きができず地下鉄出口で叫んでいた私たちも、開放された車道に出て、官邸前に迫って行った。前も後も「再稼働やめろ」の止まることのないシュプレヒコール。機動隊の車が横一列に並んでいる。もうこれ以上進めないと思ったところ、主催者から終了の声。「野田首相が人間ならこれだけの声を無視できないはず」と言ってあと二〇分を残し、赤ちゃんから子ども、車いすの方まで参加した市民デモは解散した。帰る道すがらも「原発いらない」の声はやまず。

一五万人もの人が集まった歴史に残る現場に私もいたのだ！　世界中が報道した。あのNHKでさえ早い時間の様子をちらっと。野田首相はこう言って官邸に消えた。「大きな音だね」。国民の血のでるような叫びを、まるで「放屁」のごとく言い捨てた、のだ。

そして、今夜原発は再稼働されてしまう。福島県民を奈落に突き落としたまま。まともな補償もしないまま。避難民から難民にしたまま。県民の絆をずたずたに分断したまま。自殺、離婚率を全国一に押し上げたまま。福島四号機の予備冷却が起動しない危機のまま。原発事故収束も反省もないまま。再び事故の危険に国民をさらす、のだ。やはり野田は人間ではなかった。それでも私たちはめげない。来週も再来週も金曜日は巡って来るのだから。

一一日（水）NHKラジオ第一の「すっぴん！」インタビューに出演。昨年の一二月に、「ラジオビタミン」で呼んでもらった、その後の番組からも声がかかって嬉しいです。パーソナリティのダイヤモンドユカイさんとアンカーの藤井彩子さん、まずおふたりに「やあやあ～」と講談式自己紹介をやってもらってスタート。フラガールのワンシーンを語ったあと、ユカイさん「講談にも台詞があるんですね」。私、目が点。講談はまだまだ知られていないのですね～（笑）

「さよなら原発一〇万人集会」に一七万人！

一六日（月）「さよなら原発一〇万人集会」。三三度という猛暑の中、なんと全国各地から一七万人も参加してすごい盛り上がり。もう「脱原発」の動きは誰にも止められない「原発の息の根を止める」歴史的な一日となりました。

司会の大役を仰せつかった私、一時間半前に向かったにも関わらず、代々木公園のそばの歩道にはすでに大勢の参加者が会場に向かってびっしり。特設ステージ裏のテントには早々と中嶌哲演さんと広瀬隆さんが。風がふきぬけ、紙類は空を舞うし、髪の毛も乱れるし、ただならぬ一日の幕開けにふさわしい楽屋裏。とみれば、モヒカン刈りの女性、タンクトップ姿で、サインをお願いしたり皆さんにご挨拶、原稿を書いている大江健三郎さんにうるさく話しかけ、注意されると逆切れ、「ノーベル賞作家だと思って尊敬してたのにもう嫌いになった」と騒ぎまくる。出演するバンドの関係者とばかり思っていたが、全く関係ない方だったのです！

さあ、いよいよ始まり。私がいわき弁で「野田首相、再稼働再稼働ってばかにすんでねえ、このいんごたがり〜」と挨拶して振り向くと、呼びかけ人の登壇者にまざって、あぐらをかいてステージ上にいるではないか。

舞台監督の大久保青志さんに聞くと、近づくと「セクハラって言われて」とのこと。鎌田慧さん、坂本龍一さん、大江健三郎さん、内橋克人さん、澤地久枝さん、落合恵子さん、そして九〇歳の瀬戸内寂聴さんたちの叫びのような熱いメッセージが青空に響く中、モヒカンの女性は立ち上がったり手を振ったり。ついには寂聴さんのとなりにぴったりと。

最後の武藤類子さんの紹介をしているすきに、マ

イクに飛びつき、なんと三分間もマイクジャック。関係者が急いでマイクを切ったが。この騒ぎに類子さんすこしも慌てず、心にしみるメッセージを。なんとも感動的な、すごい一日でした。私は一〇万人以上の皆様を目の当たりにして、何度も何度も涙が込み上げて……。ハプニングはあったけど、生涯忘れられない一日になりました。全国から参加の皆様、ほんとうにお疲れさまでした！　と同時に警備の重要さを再認識した一日でもありました……。

フェイスブック、ツイッターからの皆さんの声。

「神田香織さん、昨日は本当にご苦労様でした。ステージに向かって左手の近くから神田さんの雄姿を見上げていました。一七万人のエネルギーを受け止め結集させた歴史に残る名司会だと感じました。昨晩、そのことを含めて私のフェイスブックにも書きました。ゆっくり休んで下さい。本当にお疲れさま」

「7・16『さよなら原発一〇万人集会』のハプニング。呼びかけ人でもないヘンな女性が、いきなり、マイクをとって、何か分らぬことをしゃべりだした。『枝野さんは決して原発推進者ではない』とか。会場のブーイングに、架台を蹴飛ばし、マイクを倒して罵声を残して退場。その時、司会の神田香織さん、少しも動ぜず『ハプニングはありましたけど、兎に角一生懸命の人がいるということです』と乱入者をもかばう、この度量、さすがは一流の講談師、お弟子さんたち、立派な師匠をもって幸せだね！（だけど、この女性、しばらく前から呼びかけ人の席に並んで座ってた。主催者は何をやっていたのだろう？　まさか〝やらせ〟ではないだろうね～）」

やらせじゃないですよ～(笑)。他にも「あ、あ、あの発声の後、再稼働反対ってやってほしかった」というのも。それはそうですね、次回から必ず。

ぐっと来るメッセージを多々いただき、この場をかりてお礼申し上げます～。◆

◆二三日（月）　ここ数日涼しくて一息ついたが、今日からまた暑くなるそうだ。そして間違いなく熱くなった。さきほどオスプレイが日本に上陸したのだ。私も心から反対する一人。講談「哀しみの母子像」、三五年前横浜市緑区に墜落した米軍ジェット機、そして幼い男の子二人が亡くなった。その事を知らされないまま激痛の皮膚移植に耐えた母親。やがて子どもたちの死を知ることになる。絶望しながらも皮膚をくれた人たちのためにもと歯を食いしばって治療にたえ、そして「死」につながる「自立」のためのリハビリがはじまり……。二年前の秋にたずねた沖縄を思い出す。二〇一〇年一一月のブログから。
「宮森小学校の元教師の豊濱光輝さんの話を聞きに行く。豊濱さんは五一年前ジェット機が墜落して、民間人六人と小学生一一人が犠牲になった『石川・宮森小学校ジェット機墜落事故の証言集』に昨年から取りかかっている。『事故を語ることができるまで五〇年の歳月が必要だった』。二五歳の国語の教師だった彼は長いこと遺族恐怖症だったという。『一三〇〇人の生徒がいるのになぜうちの子が』『先生が生きていてなぜ子どもが死んだ』……。約二時間に及ぶ取材では涙なしには聞けない貴重な記憶の数々を話して下さった。豊濱さんは宮森小までご案内してくれ当時の小学校の様子など、解説をしてくれた。『今、なぜ宮森？と聞かれるが、宮森じゃない、問題なのは米軍ジェット機墜落事故なのだ』」。

宮森小や横浜緑区のジェット機墜落をはじめ、世界中で基地があるために事故でなくなった方々の無念の声が聞こえる、そしてまたその悲劇を繰り返そうとしている。

米軍基地はいったい誰を守っているのか！

そして今日は長女の二五歳の誕生日。あの日、都内は三六度という猛暑で、タモリさんのお連れ合い、森田春子さんと田村セツコさんが病院にお祝いにきてくれたっけ。セツコさんの「こんなに整った顔のかわいい赤ちゃん見たことがない」といって喜ばしてくれた言葉はわすれない。あれから二五年。日本は激変した。そして娘は聡明でチャーミングな大人になった。おめでとう！

「継続は力なり」を実感した一日

◆二七日（金）　松本少年刑務所「少年母の会」に呼んでもらい、猛暑の中、前日のうちに松本着。老舗の旅館「菊之湯」で丸山鈞さんと母の会の会長さんと会食。温泉につかり久しぶりにくつろぐことができた。旭町中学校桐分校、二年前「塀の中の中学校」というタイトルでドラマ化され、名優たちが出演していて私も面白く観た記憶がある。その生徒さんたちによる合唱発表を、午前九時五〇分から会場の体育館に入って聞かせてもらった。「か〜さんが夜なべをして〜」最近とんと聞く機会のない「母さんの歌」と「フォーエバー」の二曲を坊主頭でスラリとした灰色のズボン姿の一一人の青年たちが心を込めて歌ってくれた。母の会の会員の皆さん、涙ぐんでいる方も。戦後まもなく、義務教育を受けていなくて、勉強したいとねがう受刑者たちのためにつくられた桐分校。生徒さんに年齢制限はない。今や日本人はほとんど義務教育を受けていて、一一人のうち、外国人が八人とのことだ。三年間の勉強を一年でやるのだから結構大変かも？　二六歳の誕生日を迎えると少年刑務所から他所へいく。今、三〇八人の受刑者たちが作業をしながら過ごしているとのこと。「少年母の会」は地域ぐるみで「少年」たちを見守ろうと一九五九年に創立されたそうです。体育館での講演の後、所長さんが教室や作業所も案内してくれた。車の修理場もある。資格もとれるそうだ。木彫りの部屋は整然としていて彫りかけのフクロウや鷲などが棚においてあった。塀のすぐ外には販売店があり、そこでは全国の刑務所の受刑者たちの手作り品が沢山。私はサンダル、便せん、ランチョンマットなどを記念に求めて、少年刑務所を出た若者が差別されることなく社会復帰できる世の中を切望しつつ、帰りのスーパーあずさに乗り込んだ。

そして、立川着、ものすごい暑さに一瞬、うっ、まるでサウナ（笑）。立川市民会館小ホールで「チェルノブイリの祈り」公演。主催の三多摩平和運動センターは三三年前から月一回の「反核座り込み」を続け、それがなんと四〇〇回！　以前にも「はだしのゲン」や「哀しみの母子像」「チェルノブイリの祈り」でツアーを組んでもらったこともある。まさに「継続は力なり」を実感した一日でした。

和合さんの「詩の寺子屋夏講座」

七月二九日（日）　一泊二日の合宿で詩を作り発表する「詩の寺子屋夏講座」。指導するは、原発事故への不安、憤りをツイッターでつぶやき、いちやく有名になった高校の国語の先生和合亮一さん。一一時前に福島駅着。会場の福島県立図書館は木立に囲まれたりっぱな建物。仕事柄か、すぐに線量が気になってしまう……。さあ、発表会。小学校低学年から中学生までテーマは「自分らしく生きる」。子どもさんたちの緊張感が伝わってきてこちらもどきどきしてしまう。皆さん、実にどうどうと、心をこめて朗読。今を生きている……。理不尽さをかかえながらどこかで折り合いをつけながら……時に怒りながら、そんな自分をいとおしく思いながら。「詩」「言葉」は非日常に輝きを放つのだろうか。マルセ太郎さんの言葉を思い出す「記憶は弱者にあり」と「五歳の子どもも五〇歳のおとなも悩みの大きさは同じ」、子どもたちが小さな哲学者に思えた。

終了後は福島から「国会包囲」すべく東京駅へ直行。タクシーの運転手に「参議院会館へ」と言ったら「今日はデモがすごくて、大丈夫かな」。車道はすいすいと情報があり、ほんとにすいすい到着。「神田香織一門」の旗がめだつからすぐに仲間たちと合流できた。旗を見て何人かが声をかけてくれた。小さい子どもたちも手に灯りをともして歩いている。幼児を肩車してる参加者も。私たちの場所は混乱もなく無事終了したが、国会議事堂前は車道が開放されとても盛り上がっていたようだ。きょうも一〇万人以上の人々が全国から集まっている！

公園となった林眞須美さん宅へ

八月三日（金）　猛暑の大阪、きょうは仕事の合間、思いたってレンタカーを借りて和歌山市園部の林家跡へ向かう。映画「死刑弁護人」で安田好弘弁護士が「現場に足を運ぶとわかるものがある」と言っていた。私もその昔サイパンへ行ったことで戦争の爪痕に慄然とし、その時の実感「百聞は一見にしかず」だ。

昔の番地はもうないから、結構探すのに手間取った。郵便局へ入って「林家跡へ行って犠牲者の冥福を祈りたい」と言い、教えてもらう。どうしてか、気をつかってしまう。普通に「あの林家は？」と聞いても良いのだろうが……。

教えてもらったところへ行ってもそれらしい公園はない、ただ草がはえた空き地があるだけ。また、他の場所に行ってまた戻って。今度は車をおりて歩いて探そうと……。その時、はじめに見た空き地に草にうもれるようにしてベンチがあるのに気がついた。映画やネットの写真ではもっとりっぱなベンチだったが……。

どうやら、長いことだれも手入れしてないようだ。すぐとなりが小さな川。今から一四年前さかんにマスコミに登場していた川だった。ここに捜査員が入ってどぶさらいしたりしていたっけ……。七日の講演に弾みがついた暑い一日。

四日（土）　阪神淡路大震災の前年の九月に、私と子どもたちはいわきに居を移した。翌年過労から肺炎になりふせっていた一月、阪神大震災が発生、その惨状に寝ている場合ではないと自分を叱咤したのを思い出す。

その年の四月にボランティアの一座に参加し慰問公演へ。そのとき、宿泊などで世話してくれたのがいずみ親子劇場の古川拓美さんたちだった。四日「防災講談浜口梧陵伝」と「福島報告」を企画してくれました。今回、はじめての試みで四月に警戒区域解除となった南相馬市の小高区に入ったときの写真を見ながら報告。

一七年前にタイムスリップした感じ？　懐かしい皆様、支援Tシャツ三〇枚も販売してくれ、ほんとにありがとうございました！❖

5　原爆と原発、そして死刑

広島で中沢さんと再会

❖六日（月）　広島YMCA国際文化ホールでの「8・6ヒロシマ平和の夕べ」は私にとって、記念すべき一日となった。まず、「たね蒔きジャーナル」でおなじみの小出裕章助教をナマで見た(笑)。なんと言っても感動的だったのは、今から二七年前に私に「はだしのゲン」の講談化を快諾、その後も応援してくれた中沢啓治先生が奥さんと一緒に会場にきてくれて「はだしのゲン」後半を聴いてくれた。はじめてお会いしたときはまだ五〇代だった中沢さんももう七五歳。あの時許可してもらわなかったら、今の私は存在しない。「チェルノブイリの祈り」も語っていないだろう。中沢さん、心より感謝申し上げます、どうぞお元気で!

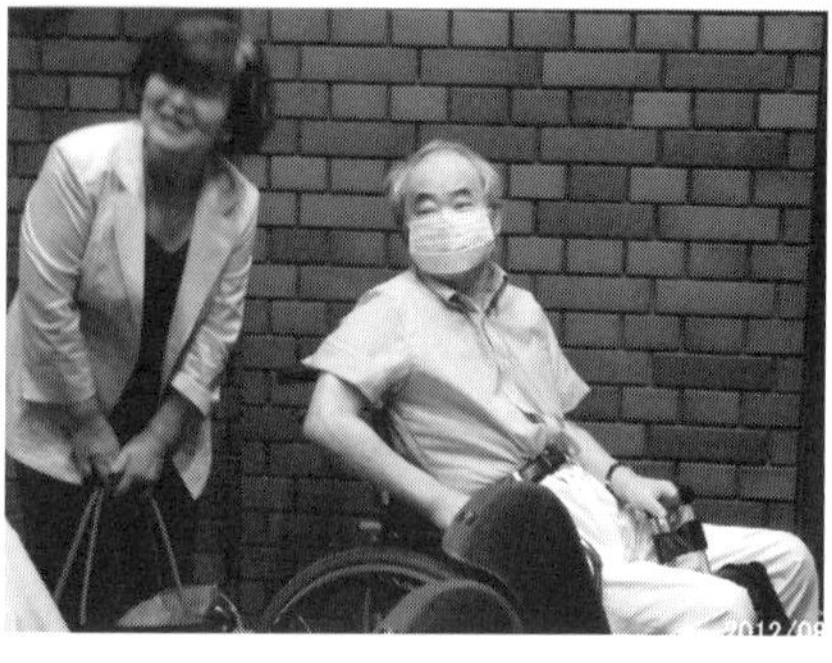

七日(火) 今日もこれでもか!という暑さ。昼は福島から保養にきている子どもたちを神田山荘に訪ね、一時間ほど講談ワークショップ。暑い福島から、またまた暑い広島へ。そして昨日は平和記念式典にも参加したというから、そうとうハードスケジュールだ。引率のNPO「シャローム」の吉野さんいわく「線量の高いところに住んでいてきゅうに空気の綺麗なところへ来ると体がだるくなる」そうで、たしかに見るからにしんどそうな子どもさんもいる。言葉がない。春秋の気候のいい時期に保養にきてもらいたいのだが、と現地のボランティアの皆さん。たしか

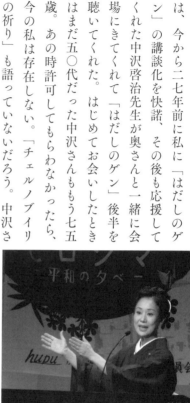

に北海道以外、どこへ行っても暑い夏休み。クラス単位で保養するとか、なんとかならないだろうか……。

夕方からの東区民文化センタースタジオでの「シルエットロマンスを聞きながら」は人数こそ少なかったが、皆さん泣きながら聞いてくれてすごい一体感！　林眞須美さんの最近の『あおぞら通信』の一文を最後に読んだら、もう私までグッときてしまった。「ドイツに伝説がある。騎士ルドルフが恋人のために花を摘もうとして誤って川に流されてしまう。最後の力を尽くして花を岸になげ『フェアギスマインニヒト（私を忘れないで）』。これがわすれな草の花の名となった。外の皆さん、私を忘れないで！　再審無罪という一縷の望みを持ち過ごしている私のことをこれからも忘れないで！」

忘れませんとも。安田弁護士の「死刑弁護人」を見て、冤罪と思う人は増えているのだから……。

一一日（土）　私たちのNPOの最初のイベントに出演してもらった福島市、常円寺の阿部光裕さんの「つるりん学校」に講師として呼んでもらう。演目は「フラガール物語」。午前中に福島駅へ。お昼のラジオ番組に生出演させてもらって、お寺へ。三月にも案内してもらった裏山の「仮設汚染土置き場」、五ヶ月で倍ぐらいに増えている。特注のドラム缶の上に線量が書いてある。一〇マイクロとか、とにかく高い。控え室の離れ、〇・五マイクロあった。

夕方、心配された雨ももちそう。ご本堂での講談は独特の雰囲気。大勢の檀家さんの席は前方は境内のテント、斜め前にも、横にも後ろにも。講談終了後は厳かな万灯供養。数多《あまた》のろうそくの火、太鼓、読経の声……。ふと思った。原発事故から一年と五ヶ月の今日、私ははじめて心静かに亡き人々への供養の時を得たのではないか、と。私の身内は無事だったが、いまだに遺体さえみつからない方々の胸中を思うとこみ上げるものがある。二度と福島の悲劇を繰り返してはいけない、そのためになにができるか……。

一九日（日）狛江平和フェスタ二〇一二に呼んでもらう。市民と行政が一緒に関わっていて今年で八年目とか。時々サロンに参加の二階堂まりさんが声をかけてくれた。まず、子どもたちのダンス。平和宣言朗読劇、合唱、相馬から避難している方のメッセージ、写真家で作家の穂高健一さんの話。そしてヴァイオリンとフルートの演奏、太鼓、講談「はだしのゲン」（後半）と、四時間も。

穂高健一さんの話にハッとさせられた。「奇跡の一本松、他の六万本もの松はどうなったか。巨木たちは凶器となった。家を破壊し、人間を傷つけ、遺体は見る影もなかった……」。「奇跡の一本松」の美談も角度をかえると別の景色が見えてくる、うかつだった。実行委員の皆さんの情熱は年々参加者増加に繋がっていると言う、これからも楽しみな狛江平和フェスタ、メッセージTシャツもなんと三五枚も売れました！

二二日（水）今夏、最後の大仕事は真宗大谷派・九条の会大垣にて。講談「チェルノブイリ」と集客がむずかしいテーマにも関わらず、各寺の皆さん頑張ってくれて大勢きて下さった。

主催者代表の佐竹哲さんのことばが忘れられない。福島の親子さんがお寺にホームステイされたそうだ。その際、「色白のお子さんですね」と言ったら「外遊びが充分にできないのですよ」と。園児たち、室内遊びがおおく外遊びはわずか……。いまだにそのような生活をしている福島の子どもたち。いっとき大垣で自由に外遊びしても、果たして戻れば……。大垣の皆さん、これからもともに福島支援、繋がっていきましょう。

八月二七日から三泊四日で天草の笠井さん宅へ滞在し夏休み。ここで「原発ではなく太陽を」と、脱原発と太陽光発電を広める活動をしている元教諭の生駒さんと福島の子どもたちの保養の件で話がとんとん拍子にすすみ、集会所、廃校となった小学校、山の上の「緑の村」宿泊施設など見学。ベラルーシやウクライナのようにクラスごとの保養も可能ではないか。また農家民宿は家族で過ごすのに最適と盛り上がり……翌年の保養事業に繋がったのです。有意義な夏休みとなりました。

京都で「福島原発震災——被災者の叫び」

九月一五日(土) 京都テルサでの第二四回コミュニティユニオン全国交流集会に呼んでもらう。昨年一一月円山公園での「はだしのゲン」を聞いてくれた京都ユニオンが早いうちから声をかけてくれていよいよ当日。会場につくとほどなく「人と文化ネットワーク」会員でリフレッシュハウスを提供してくれている木原さんご夫妻がTシャツなどの販売員ボランティアで到着。講演タイトルは「福島原発震災——被災者の叫び」。見聞きした被災者の現実を紹介しつつ、四月に大田区で発表した事故当初の講談と「チェルノブイリの祈り」の抜粋を語った。事故から一年半経ってこの体たらく、話しているうちに怒りが込み上げてきて、興奮状態。終演後参加者の方から、「アジテーションみたいでした」（笑）。

夜の交流会までの間、木原さんのリフレッシュハウスを見学に。昭和一〇年代と築年数は経っているが、落ち着いて静かで庭の風情が京都らしく……。ぜひ、福島の皆さんに保養にきていただきたいものです。

翌日は大阪へ移動。生野区の大阪クリスチャンセンターで「チェルノブイリの祈り」公演。九年前、この講談ができたばかりのとき、九州ツアーの帰りに猪飼野の教会で主催してくれた呉光現さんたちがまた呼んでくれた。連休の中日とあってか、人数は一二〇人前後だったが、真剣に聞いて下さり、密度の濃い会となりました。その証？　えっというぐらい本が沢山売れてびっくり。もちろん支援Tシャツも。

八月六日　広島の講演会に来てくれた方が水戸巌さんの資料を持ってきてくれたり、七年前一緒にベラルーシを旅した和歌山の山崎さんご夫妻もきてくれた！　お懐かしい〜。そうあのツアーは教会主催だったのでした。打ち上げでは韓国にも遠征しよう〜と大いに盛り上がりました。

九月二二日（土）　いわき市市民センターで開催された「福島原発告訴団全国集会」に参加。

テント広場が企画したバスに空きがあるというので急遽申し込み、朝八時に新宿の昴ビル前集合。八時半出発。満席の車中では各自が自己紹介、その昔学生運動をしていた猛者？が多く、にぎやかで楽しい道中でした。車中で昼食をとり、三〇分前に会場に到着、すでに八割方の参加者で熱気に溢れていました。

まず最初にこの九月のいわき市議選で見事上位当選の佐藤和良市議が「被曝を強要された自分たちが一人一人が人間として、生きていくために。原子力村を叩き潰すまで頑張りましょう」と力強く開会の挨拶。

続いて団長の武藤類子さん。

「三月に結成されてから、全国を歩いて訴えて歩いた。次々と仲間がふえて、全国に十個の事務局ができた。限りなく横に広がりながら一緒に行動して行きましょう」。

その後一時間、たんぽぽ舎の山崎久隆さんの講演。テーマは「福島原発の現状と危険性」、事故のあらましから順を追って詳細に説明してくれた。

原子炉の現状についていては、

「一号機、たまり水二万トンを巡回させているだけ。二号機、汚染がひどい。格納容器が壊れた。毎時七〇シーベルトの強烈な放射能が出ている。強いガンマ線でロボットが三時間で故障。三号機、屋根がないのでプールが露出している。四号機、内部は一番きれい。使用済み燃料は水の中で作業するしかない。建屋は四号機以外は入れない。建屋から毎時一〇〇〇万から一〇〇〇〇万ベクレル出ている。海の汚染を防ぐためには遮水壁を早急に造らねばならないが、一〇〇〇億円かかるのでいまだに着工してない」などなど、「収束」とはほどとおい現実に鳥肌がたった。

山崎さんの講演の後は、保田行雄弁護士、河合弘之弁護士、海渡雄一弁護士と三人の主任弁護人が発言。

皆さん、笑いも入れながら軽妙な語り口、強い信念が伝わってきました。

河合弁護士曰く「この原発事故の後処理の特徴として、責任追及がなされていない。引責辞任をしていない。刑事責任も取られていない。正義に反する。真実を追求し、責任者を罰することから始まる。四つの事故調が役に立つ。」

ついては、「(国会図書館、福島原発事故)でネット検索すると良くまとまった事故調の資料が読めるからそれぐらいは読んで勉強するように」、そして「巨悪を逃すなと検察官に訴える。国民が怒っていることを知らせる。被曝では具体的な障害を明らかにする。PTSDも障害になるから掘り起こす。甲状腺異常、去年は三六%、今年四三%、障害以外の何ものでもない。この告訴運動を広げるのが大切なのです」と力強く締めくくる。

私も早速告訴人に加わりました。最後の郡山市議の駒崎ゆき子さんの発言は忘れられない。甲状腺がんが発見された子どもさんは、二次検査を受けた三八人のうちの一人だった！(通常は数百万人に一人)他の子どもさんにも早急に二次検査をうけさせてほしいとのこと。なにより汚染地域の子どもたちを一刻もはやく疎開させてほしい！　終了後のデモ行進はバスの出発時間と重なり参加できませんでした。翌日は講談協会二四年ぶりの男性真打ち披露宴のため、東京へ。この日、バスで知り合った鷲田悦子さんが講談サロンに入会し、ただ今活躍中です。

人間国宝、一龍齋貞水会長の挨拶文に感動

^二三日（日）　二四年ぶりに講談協会から男性の真打ち誕生!!　故田辺一鶴先生の弟子で田辺凌鶴さん。ほんとうにおめでとうございます。

一龍齋貞水会長がすばらしい挨拶文を書いてくれた。「講談は守るべきものと開拓すべきものがあります。お客様の感覚は時代とともに変化していきます。明治、大正の昔、名人、上手と謳われた講談師が平成の今日高座へあがり釈台を前にしたら昔のままには演じないはずです。講談話芸の継承者として現代に生きる講談を語るでしょう。その時代のお客様によろこばれ受け入れられてこそ講談の伝統を守ることになるのです。講談は釈台を前に扇一本舌三寸張り扇の音と共に、世の人の喜びと悲しみ、笑いと涙など語り現すわが国独特の伝統話芸であり大衆芸能です。その講談を守り続け開拓することに誇りを持って頑張って下さい」。

凌鶴さんは社会性のある新作もやる。このすばらしい文章を胸に大きくはばたいてくださいね。

二六日（水）　翌日の仕事の前乗りでいわきへ。ついでに足をのばして楢葉町に。台風の影響か風がつよく、そのせい？　線量が前回よりも高い。検問所には新潟県警からの若い機動隊員が並んでいる。心配だ。フクイチから毎時一〇〇万～一〇〇〇万ベクレルの放射能が一年半も出続けているのだから、風向き次第でこの始末だ。

楢葉町、人も犬も猫も牛も……だれもいない町にのび放題の草や樹木。荒れ果てた田んぼにポ

ツンと黄金色の稲穂。放射性物質移行確認の試験田、手前の草で一三マイクロも！　向こうはフクニの建屋に排気口、そばで草刈り作業中。フクイチからの風のせいか、はたまたフクニからも?!　この辺り六マイクロもありました。フクニの排気口のクレーン車、何か吊り上げて仕事してましたよ?!　今にも落ちそうな格好で広野町の火力がクッキリと。津波の跡に草が生え……天神岬公園、かつての子どもたちの遊び場は〇・六。事故のせいでどれほどの数の不幸が生まれたことか。そしてこれから未来永劫、どれほどの命を奪うのか、考えただけで目眩がする。大間原発の建設再開なんて、どの口で言えるのだろう……。

「響かせあおう死刑廃止の声２０１２」のシンポジウム「原発と死刑」

＾一〇月六日(土)　世界死刑廃止デー企画「響かせあおう死刑廃止の声2012」のディスカッション「原発と死刑」のパネリストで呼んでもらう。昨夜から、何を話すかと考えたがさっぱり。で、昼食を食べながらの打ち合わせに期待しそそくさと四谷区民ホールへ。が、安田さんもさっぱり状態。山本太郎さんは肉離れ、車椅子で登場。白石草さんは遅れて登場。結局、何も決まらないまま本番。ところがこれが結構面白かった。ＩＷＪで見れます。

昨年の原発事故で「目覚めた」山本さん、死刑存置派ということで呼んだが、脱原発運動しているうちに廃止派に転向。締めの言葉の「日本人は皆死刑囚になってしまった。放射能の影響でいつどうなるか分からない」。ここで死刑と原発が繋がった。パチパチ。国民の八割が反対しても原発が再稼働されてしまった。大間原発建設も再開ととんでも展開。大手マスコミが昔の癖で?・国民を裏切り続けている限りこれは止めようがない。国営放送NHKに市民チャンネル時間帯を。白石さんは、日本のメディアは「杉林」、海外は「雑木林」と。市民チャンネル実現がまず第一歩かも!!

松本で「チェルノブイリの祈り」

七日（日）朝九時のスーパーあずさで松本へ。連休中の長野は人気があり、さすがに指定席は満席、でも自由席はオーケー。松本駅から大糸線に乗り換えうっとりと景色をながめながら「安曇追分駅」へ。前に松本少年刑務所でも講演でお世話になった丸山さんの車で池田町創造館へ。曇ってはいても抜群のロケーション。実行委員の皆様がはやくから準備に取りかかってくれてました。

「チェルノブイリの祈り」は悲しいお話なのに、ほぼ満席。実行委員の皆さん、ほんとにがんばってくれました。ありがとうございます。まけず犬さんの「No Nukes ――紫陽花は散らない――」の歌に続いて講談、そして終了後は「手をつなぐ3・11信州」の森永敦子さんの挨拶。涙が止ま

山本太郎さんと

らず嗚咽しながら「このお話は私には辛すぎました……」と。西郷村から松本へ、避難生活をしている森永さん。泣きながらの訴えに私も控え室でもらい泣き。

ロビーで若い女性が目を輝かせ、「数万人と一口にいってしまうのではなく、一組の夫婦の話で万人に共感させる、これだと思いました！」と言ってくれた。普遍性……それは「はだしのゲン」からずっと心がけていたこと、嬉しい。

夕食ははじめていただいたそばお焼き、地元の野菜の天ぷらや十割そばと安曇野の美味に舌鼓をうち、私たち一行は宿泊先の野口法蔵師宅へと向かうのでした。

そして翌日、目の前に広がるのはコスモスの群生と草を食む馬の姿。田舎育ちの私は感激し、「こんなところに住みたいよ〜」。馬に乗せてもらい、梓川土手を散歩。スタッフ二人は猪八戒と沙悟浄!?、畏れ多くも三蔵法師に馬をひかせる孫悟空？になった気分は最高でした。あ〜〜馬を飼いたい！　長野移住を本気で考えたい気分で帰路に着いた私です。

野口法蔵師は月一回松本市内で座禅断食会を主宰。私も時々参加してます。

復興予算を子どもたちの移動教室に！

一九日(金)　一九兆円もの復興予算は、もちろん私たちの血税ですが、どうやら官僚の「ずる」賢いやり方で従来通り無関係なものに使われているようだ。捕鯨調査と被災地とどう関係する？(怒)。この予算で自分たちの建物を耐震補強してどうする？(怒)。沖縄の道路とどう繋がる？(怒)。

そんなとき、白石草さんからフェイスブックのイベント案内が。「復興予算を子どもたちの移動教室に！」これだよ〜！と院内集会に参加。

おなじ思いの人たちが集まり立ち見がでるほど。移動教室を実行した伊達市から富野小学校宍戸校長、湯田教育長が発言。また福島県内からの保護者、中三の横田君、支援者として川崎からの報告、と盛り沢山で質疑応答の時間はなし。「被災者支援法」に熱心な国会議員も参加。

まずは今年の七月に札幌へ移住した中手さん。今までの保養は民間が金銭的な負担をしてきて限界がある、「公」の支援が必要と挨拶。

次に移動教室のDVD、とはいっても三泊四日で、チェルノブイリの事故後の「一月」にはほど遠いが実現しただけでも効果大。受け入れ先の新潟の小学校の生徒さんたちも喜んで受け入れ、きっと友情が芽生えたことと思う。

宍戸校長「ゆるい坂で草の上に寝転んで転がっていいと言ったら生徒は目を輝かせ、本当にいいの〜！と何度も確認し、やった〜と大喜びで転がって行った。保養先で子どもたちは道の真ん中を歩く。両側の草花を避ける習慣がついているから。受け入れ先はびっくり。線量の高い中通り、浜通りの子どもたちにぜひ保養をお願いしたい」「移動教室は教育的意義がある。感謝の気持ちを育み、大人になったら恩返ししたいと子どもたちは思っている。子どもは大切にされればされるほど優しく成長できる。結果として放射能からの保養もともなう」。

校長の熱弁に私は泣いてしまった。心のこもった真摯な言葉、プライドが高く融通のきかない福島県内の教育委員会にも配慮したものいい。

横田君もしっかりと「僕たちにはストレスがたまっている。子どもたちが保養などで放射能から逃げる時間は平等ではないです。情報格差を埋めるには行政の協力が必要なのです」。この中三の言葉をしっかりと拡散して行きたいし野田さんたちにも聞かせたいな〜。

「市民放射能測定室たらちね」によって測定

二三日（火） 川前はいわき市北部で三〇キロ圏内。二三日の敬老会の仕事がきて、翌日寄席があるので断ろうと思ったが、取材も兼ねて行くことに。

二二日、市議の佐藤和良さんに会い、保養移動教室の話をしたところ、いわきの教育委員会が認めなければむずかしいと言う。県からの達しがないと動かないから無理では?とのこと。さもありなんとは思うが、川前地区は小中学校一緒で人数も少ない、何とかならないかな〜。

佐藤さんのすすめで小名浜の「市民放射能測定室たらちね」によって測定してもらった。ほぼゼロ。同行の運転手をお願いした高木さんも同様。二人で安堵。その後は近くの回転寿しを食べて解散。どのお魚もいわき沖からのものではない。ため息が出る。

ああ、桶売小中学校

夏井川渓谷の美しさはかわらねど、線量は〇・六マイクロ。心から景観をたのしめないいわきの景勝地。

会場は川前から五キロ奥の山間部、桶売。桶売小中学校は除染済み、で、空間でも〇・二六マイクロ、校庭に入った植え込みで〇・七あった。小中あわせて三〇数名、「移動教室」なんとか実現できないか！

線量、測りつつ向かったのでぎりぎりの到着、講談終了後は皆さんと一緒に「川前音頭」、小雨で肌寒い一日、もう一泊したいところだが明日は田辺凌鶴真打ち興行、七時のスーパーひたちで上野へ。「移動教室」が頭から離れない一日でした。

6 仮設のみなさんとともに

若松団地の大熊町仮設住宅へ

二六日（金）は会津坂下町の千葉町議にお願いし、若松団地の大熊町仮設住宅へ急遽訪問。ほとんどの方が菊人形祭りに、とのことだったが、数人の方が集まってくれた。自己紹介で原発事故からの経過を聞かせてもらって五人目のある男性「昔のことゆったって何にもなんね、これからのことだっぺ」と名前も言ってく

会津若松の大熊町仮設住宅にて

れない（それまで五人の女性は話してくれて事情がよく分かったのだが）。その方の隣の男性も名前も言わずに「役場に家を探して欲しいと言っても動かない、一〇人家族がバラバラに暮らしているのに」と訴える。緊急時とはいえ、私は、家は自分が中心となって探すものと思っていたが……。他にも「富岡や双葉が被曝手帳をつくるのに、大熊町長は『大熊は被曝してないから作らない』と言っている」など役場や町長に対して不満が噴出。それを行政に訴えたのかと聞くと、町会議員がここに来ないから訴えてないと言う。もどかしい。

きっと事故前まで大熊町は行政サービスが行き届いていたのでしょう。町民はその時までは恵まれていたのかもしれない、でも、今は違う。

上は本宮町、下は会津坂下町の仮設住宅にて

やはり、声は届けなきゃ、届けに行かなきゃ。

「私も聞き歩いた皆さんの声を各地に届けてる、皆さん本当の情報を知りたがっています。そうやって連帯して政治を動かしましょう」と集会所を後にした。

私のそばにいた男性からちらっと聞いた話。事故後避難所に原発作業員を探しにきた人たちがいた。ふとんをかぶって隠れていたところ、みつかり何人も危ない作業に連行されたそうだ。東電社員の多くはさっさと、周りに何も言わずに逃げて、地元の若い作業員たちが隠れていてもかり出される。東京本社の中年や初老の皆さんが入るべきだったのでは?と今でも思う、あっ、これからでも遅くないし。

「第八回憲法をいかす県民集会」

〈一一月四日(日)〉「第八回憲法をいかす県民集会」は石川町で開催、呼びかけ人代表の五人の一人として参加。ここはいわきに住んでいた頃よく呼んでもらった文化的な事業に力を入れている町で人口一七六〇〇人、線量は低い。朝七時に出て九時半に会場に到着。平和フォーラム主催で参加者は高齢者が多く、おなじみの皆さんだ。なんとか若い人たちを呼べないものかと壇上からしみじみ。

地元の代表の藤野さんは県立福島医科大学で憲法学教授を務めている。「首相官邸前のデモに参加した際『ノーモア・フクシマ』のプラカードに接し息苦しさを思えた。『ノーモア・ヒロシマ』

『ノーモア・ナガサキ』に対してはなんの疑問も感じることなく、自ら使用し、見てきたにもかかわらず」。これを聞いて思った。常円寺のつるりん和尚こと阿部光裕さんが、昨年の秋の段階で「福島は汚れ（けがれ）を受け入れなければならない」と言ったこと。犠牲を強いられている福島が「汚れ」まで!?とその時は思ったが、一年が経って、理不尽を受け入れ、淡々とやるべきことをやり続けるということではないか、阿部さんの活躍を思うと自分なりに腑に落ちた。淡々と日常生活の一部のように……。阿部さんはさきを見ている。むのたけじさんの「平和運動は特別にやることではない、生活の中から」を思い出した。

富田町と大玉村の富岡町仮設住宅に

終了後、郡山の降矢道敦さんの案内で、郡山市富田町の富岡町仮設住宅（一五〇戸）に。急遽高橋哲哉さんも同行することになった。集会所「おたがいさま」は広くて綺麗でFMのスタジオまである。「ここができて皆がちょくちょく顔を出すようになってよかった」と自治会長の角さん、八五歳には見えないほど矍鑠《かくしゃく》としておいでだ。「家の中が雨漏りもしていてあまりにひどく、一回戻ってがっかり、もう行きたくない」。仮設の良いところは「買い物、病院が近い」、悪い面は「気候が違い、強風と寒さがつらい」とのことだった。角さんの家を拝見、真っ先にできたこの仮設は文字通り「急場しのぎ」で収納なしのワンルーム。その後、風呂を追い焚きにしてもらい、物置も設置。一年二年の予定が今はとりあえず五年になった。はたして五年持つのかしら。

もう一カ所、大玉村の富岡の仮設住宅（四〇〇戸）にも足をのばす。安達太良おろしが吹き、雪がつもる静かな山間にあった。全戸埋まらず、取り壊しの最中。いわきへ持って行ってまた建てるのだそうだ。日曜日の午後五時前、出張所に明かりが。男性に今後のことを聞いた。「自分はもう戻れないと思う。第一仕事がない。線量で区割りをして五年後に帰還可能な場所に戻ると言う人たちがいるが、そのためには少なくとも二年前ぐらいからインフラを整えねばならない。学校、スーパーも。それができるのか。自分は大玉でも仕事があれば就職したいと考える。早く、はっきりしてほしい」、なにも決まらない状況が長引けば長引くほど、気持ちが萎えるというもの、それを待っている輩がいるのだから、始末が悪い。そんななかで自治会を立ち上げ、高齢者たちが声を掛け合って踏ん張っている。役場の向かいに住む九五歳の女性は元気一杯で料理に励んでは人に分けたりと、皆の先頭にたって活動していると聞いて、浜の女のたくましさを垣間見た気がした。》

埼玉・旧騎西高校へ

《一四日（水）織丸さんの個人レッスンの後、思い立って織丸さんも一緒に前から訪ねたかった埼玉・旧騎西高校へ。ここは双葉町町民が役場ごと避難している。一年七ヶ月たった今も約一八〇人も暮らしている。ホールの一角にソファやテーブルが置かれて、避難者の皆さんがくつろぐ空間がオープンしたのは一〇月のこと。東京新聞の記事をよみ関心があったカフェの名前は

「珠寿」。テーブルの上にはお菓子やふかしいも。お茶が振る舞われるがサービス。

今はアパートに住んでいる女性に話を聞くことができた。郡山に住む二六歳の娘は彼の両親が結婚に反対したため、長年つきあった恋人と別れたと言う、言葉がない。双葉町の家は「中で〇・三マイクロ、草の上で二〇マイクロ。帰れない。仮の町作ったって帰りたくない。県民を戻したがっている県のやり方がいやだ」「県からも国からも私らは見捨てられた、モルモットなんだ」と坦々と話す。ほんとにフクシマをほったらかしにしてよくも解散などと。

この旧騎西高校は二〇一三年一二月に閉鎖、双葉町役場はかつて私が出戻っていたとき住んでいた植田駅近くに移った。

7 犠牲のシステム、沖縄、そして福島も

野田首相解散宣言「虎の尾を踏み毒蛇の〜」

そして一六日（金）自称「バカ正直故に解散する」って、野田首相は大変正直者でした。財務官僚に対してですが。双葉町の彼女をはじめとして多くの避難者、「脱原発」を求める国民の要求、願望、叫びをこれほど無視した方は初めてでは？　あの小泉さんだって「聞く振り」はした。第三極といわれる有象無象の政党の態勢が整う前に。「国民の生活が第一」の小沢さんの無

罪確定前に。一六日解散総選挙の夜、私は琵琶の会に。奥村旭翠さんの演奏と語りはそれはお見事で、いにしえの源平の戦いが鮮やかに甦る。翻ってこの総選挙の醜さよ。増税、原発再稼働などで国民を裏切り、その上クリスマスを大掃除を正月の準備までも国民から奪って、野田民主党はどこまで落ち延びる？「あたか」の最後、義経、弁慶が陸奥をめざす「虎の尾を踏み毒蛇の、口を遁れて九十九折、陸奥さしてぞ下りける、陸奥さしてぞ下りける」じゃないが、野田さんよ、とことん落ちるだろうが、まちがっても陸奥へ落ちてくるなよ。✂

はい、この解散ですが、やはり今思うと計算ずく？　二〇一一年の知事選後一年で石原氏が都知事を辞任したのが二〇一二年一〇月のこと。そして一一月に解散。衆議院選は公示日が一二月四日、投票一二月一六日。都知事選は一一月二九日の告示、投票日は一緒。脱原発の流れを一気に食い止めよう、という大いなる仕掛けで、そしてみごとにやられてしまったわけでした。猪瀬直樹氏、最高得票で当選したものの、二〇一三年暮れには「徳洲会」から五〇〇〇万円を受け取っていた問題で辞職。「徳洲会」からは他にも大勢の議員にお金が渡っているそうですが、追及はなし……不公平ですね。私はこの知事選では宇都宮健児候補の応援団であちこち奔走、よもや二〇一四年二月また知事選になるとは。

原発事故の責任を問いつつ、今私たちにできること

✂一二月二日（日）はNPO法人「ふくしま支援・人と文化ネットワーク」のシンポジウム「原

発事故の責任を問いつつ、今私たちにできること」は選挙戦突入のあわただしい中、予想数を超え一〇〇人近く来てくれた。はじめのチェルノブイリツアー報告は残酷な現実の写真の数々に会場声もなし。報告者の一人宗像さんはいてもたってもいられず、一月に郷里の須賀川に戻って活動すると決意表明。子どもたちの先々にとって一刻を争う事態だと緊迫感が会場に広がった。高橋哲哉さんの講演。ある人の利益が別の人の犠牲の上にのみあるのが犠牲のシステム。生活、健康、財産、命、人権、希望、こうしたすべてを奪って、ある人たちが儲けている。これは人として許せない、倫理的に許せないと静かな怒りが伝わってくる。そうした犠牲を増長させる大メディアの罪はほんとに大きい。これを糺さないとこの国はもう終わりだ。

さあ、いわき市議の佐藤和良さん登場。まず「一五日放射能プルームは静岡にも達してます。都内にもヨウ素一三一が落ちてます。外にいた人たち、被曝しているんですよ」とはっきり。SPEEDIの情報を隠し、県民にむだな被曝をさせ、山下氏をつれて来てなお日常的に被曝をさせ続けている県知事の責任を糾弾する。鋭くて小気味いい。だが、彼は言う、「よく疲れているねと言われる、福島の仲間たちもみな疲れ果てている」。闘う市議でも疲労困憊しているのだ。仮設住宅で二度目の冬を迎える人たち、全国に散らばって辛抱している皆さん、そして残っている方々の九〇パーセントが子どもの将来を心配している。「生存権」が問われている選挙だ。あの山本太郎さんもひとりで政党をたち上げた。その名もずばり「いまはひとり」党。今度の選挙は革命の始まりかもしれない。

多田謡子反権力人権賞受賞「私の敵が見えてきた」

◆一二月一五日（土）　昨年は拍手を送る立場だったのに、今年の多田謡子反権力人権賞受賞三人の中に私も選んでいただいた。ありがとうございます。それにしてもなんという縁でしょうか。二六年前に亡くなった人権派弁護士多田謡子さんの本が多田賞の正賞、そのタイトルは「私の敵が見えてきた」。私の今の気分とぴったりだ。

五時からの懇談会を終えてからお酒の勢いもあり?宇都宮候補の応援に新宿へ繰り出した。夜八時、新宿駅での宇都宮候補への声援はものすごく熱く、選挙結果はどうあれ脱原発の勢いは間違いないと確信した。

チラシ配りのボランティアの皆さん、必死の表情、すごい。サロンの仲間のオレンジの法被はまさに宇都宮さんカラーその

伊東良徳弁護士と

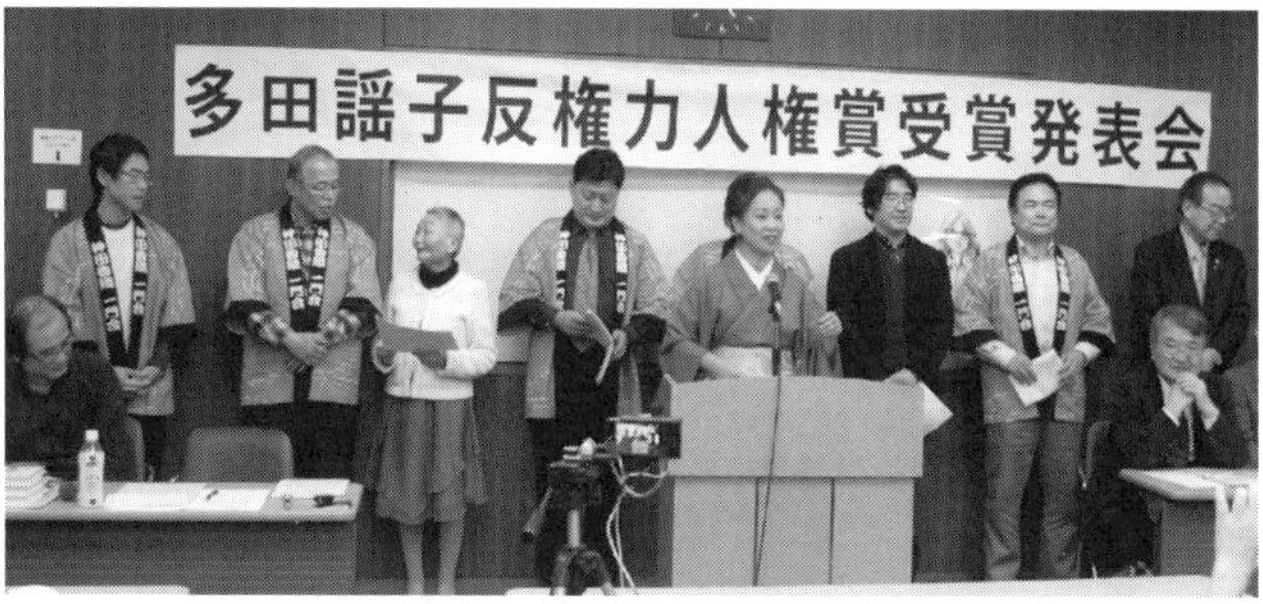

もの。法被がほしいと申し出た人がいたそうだ（笑）。オレンジの旗が選挙カーのそばで翻る様は一席の軍記読みにしたいぐらい。あの場にいた全員が「私の敵が見えてきた」に違いない。多田さんは一二月一五日、選挙戦最後の日、間違いなく私に寄り添ってくれていたのです。❤
西宮の「鈴木ゼミ」にゲストで呼んでもらったのが一六日、選挙当日でした。前日の多田賞の会場にも姿を現してくれた鈴木邦男さん。西宮駅で合流した時、「しばらくだったね～」「あのう、昨日会ってますが」「あれ、そうだっけ、ぼけちゃったかな～」（笑）。鈴木さんはとてもおだやかで心優しい人だ。私の怒りの講演（話しているうちに怒りが込み上げ、講談の抜粋を、あれもこれもと、まくしたてる）の後、ふたりの対談。鈴木さんが田母神俊雄さんも同郷だと話しだすが、私が興味を示さなかったらすぐに「表現」について講談の話法など、私の得意分野に話題をかえてくれた。会場にはだるま森、えりこさんもかけつけてくれた。また鎌倉から来たと言う女性たちも。

この時の対談は、二〇一四年一月発売の『錯乱の時代を生き抜く思想、未来を切り開く言葉――鈴木邦男ゼミin西宮報告書』（鹿砦社）に他の対談相手の皆さんとともに掲載されています。鹿砦社の松岡社長は当会の会員になってくださり、会費の他に時々カンパしてくれてます。

中沢啓治さんの訃報

❤朝、新聞社の電話取材で初めて『はだしのゲン』の中沢啓治さんの訃報を知った。一九日に肺がんでお亡くなりに……。二六年前から語っている「はだしのゲン」、私の生き方の道筋を教えてくれた作品だ。思えば離婚にいたる私なりの地獄のような日々、七年間に渡る元夫との裁判闘争。やけになって子どもと死んでしまおうと思ったことも度々。そんな窮地に陥ったとき被爆した方々の苦労を思い、何のこれしき！と『はだしのゲン』は私を叱咤激励してくれた。今年の八月六日、広島の平和の集いで数年ぶりに中沢啓治さんとお目にかかれたのが、最後となってしまった。マスク越しに「身体に気をつけてがんばってね」と。今年最高の思い出はこの再会。今年最も悲しい出来事は……中沢さんの訃報。心からご冥福を祈ります、そしてこれからも語り続けます！

あきれ果ててもあきらめない

2013年

1 闘いの歴史から大いに学ぼう

二〇一三年はブログを少なくし、NPOの天草キャンプ、そして唐突ですがフクシマ再生の糸口は部落解放同盟の歴史にあり、と私が思うに至った様々な出会いを紹介します。さあ、タイムスリップ。

年の初めに「いじめ」について考える

正月帰省したおり、二〇キロ圏内を案内してくれた佐藤さんから辛い話を聞くことになります。内郷と常磐の公民館に「被災者は帰れ」とスプレーで書かれたそうな。ごく一部の市民のしわざでも、避難されている方々は萎縮してしまいます。双葉からいわきへ避難している二万三千人のせいで病院は三時間待ち、スーパーマーケットは混雑、道路渋滞、昼はパチンコ、夜は飲み屋、月一回一人一〇万の補償金もらって遊んでいる、いわきの人はたったの一回八万円しかもらえなかったのに「ずるい」というわけです。補償金に関してはいわき市北部が三〇キロ圏内に入っており汚染もひどい。だが、当時のいわき市長は「風評」を気にするあまり「いわきは大丈夫、補償金はいらない」と辞退してしまったのです。ふっ、愚かですね。避難している方々といわき市民の間に心の分断が目に見えるようになってきました。

さあ、年があけたら予想通り、福島の話題は少なくなり、アベノミクス、景気回復、株価上昇、円安と大手マスコミは連日大騒ぎしだします。これらの「うちでの小槌」は放射能被害とともに、やがては重税として、子どもたちに押し付けられることになるのですが……。「いじめ、体罰」が連日のようにワイドショー番組をにぎわしているけど、政府によるこれらの子どもたちいじめは桁違いではないの、と憤慨する私に、「いじめ」で不登校になった子どもたちの前でお話しする機会がやってきました。

もしかして、いじめを受けていたのかな!?

〈一月一七日（木）　東京シューレ葛飾中学校の平和教室で二時間近く講演。不登校の子どもたちが都内のみならず関東各地からマイペースで通っている。生徒さんたちはとても優しい顔でみなさん元気だ。卒業生がここで成人式をしてほしいと大雪の中、二〇人も集まったそうだ。一人一人の気持ちを尊重している教育、強制しない教育。学校教育ではこれが当たり前になってほしいのだが……。中学の頃、クラスの女子グループにシカトされていじめを受けていたらしい、自分の体験を話した。私をみるとツンツンしたり、嫌みをいったりしていたリーダー。私は本を読んだり空想するのが好きで、そちらの世界で遊んでいたので「なんか変……」とは思っていたが気にしないようにしていた。卒業式のときリーダーがやって来て「みっちゃん、いじめてごめんね、勉強も運動もできて、きれいで、男子にもてて……憎らしかったの」といわれて「あっ、やっぱり私いじめを受けてたんだ」って。生徒さんたち声をあげて笑っていた。また、私をシカトした女子が私とすれ違うとき、ツンとそっぽを向いて歩いたため、どぶに落ちた話とか……。これも受けた。二時間、休憩なしで聞いてくれて、私としても遠い昔を思い出し……たのしい一日でした。

二月八日（金）中野区職労に呼ばれ中野区庁舎で講演会。節電のため五時で暖房が止まって、寒いのなんの。皆さん防寒着を着ながら聞いてくれました。打ち上げでは参加者一人一人が自分たちの仕事の紹介もしてくれました。保育士、調理師、ケースワーカー、生活保護担当などなど。保育園も民間委託化が進んでいて障がい児の受け入れがきびしくなっているとのこと、まるでよわいものいじめ。私の娘たちが園児だったのはかれこれ二〇年前。あの頃の方がまだましだったのだろうか……。

「天草保養キャンプ」いよいよ始動開始

❖二月一七日（日）いわき育英舎へ。施設長の市川誠子さんと夏の保養キャンプについて打ち合わせ。自然豊かないわき市小川町にある養護施設いわき育英舎は、親のない、あるいは親から虐待を受けた子どもたちが三〇人ほど暮らしている。線量は〇・一四マイクロシーベルトぐらいでそう高くはない。ここは原発から三四キロの距離にあり、三〇キロ圏内避難となった事故当時は相当混乱したとのこと。食料がとどかず、仕方なく須賀川へ移動し三月一八日から三一日まで二週間ほど過ごしたそうだ。須賀川は当時二〇マイクロあり、低いところから高いところへの避難だったのだが食料がなくてはどうにもならなかったと……。保養キャンプ参加者は一年から六年までの小学生全員の九名と職員二人で期間は七月中の夏休み。八月になるとぐっと航空運賃が高くなるためです。福島県は県外へ保養に出る分には助成金を出さず、逆に県外から福島県にくる企画には出す、これもおかしな話です。

施設長の希望としては家庭がない子たちなので、社会性が育ってないのでぜひ普通の家庭の雰囲気を体験させたいとのこと。食事も提供されたのを食べるだけで、食器洗いや料理の手伝いなどしたこともない。魚も切り身しか知らない。なので、子どもたちに料理や掃除のお手伝いをさせたり魚に触れたり、ペットとのふれあい（寮はペット禁止）、また、お年寄りと一緒に過ごさせてほしいと。夏休み保養キャンプは受け入れ先の熱意もあり、スケジュールが過密となり、子どもたちが疲れてしまうケースが多い。天草保養は家庭の雰囲気を味わってもらいたい。親の古里がない子たちにとって天草が第二の古里となることを願いつつ、施設長さんと握手を交わし、帰路についたのでした。

二回目の3・11と一万円

あの日から二年目。福島に明るい展望はない。が私は気落ちしていない。あきらめもしない。マスコミは連日震災の番組、そして言う「福島を忘れない」と。そしてまっさきに忘れていき、忘れさせていく……。

しかし、そうは問屋がおろしませんわよと一〇日「原発のない社会へびわこ集会」へ。午前一〇時半に開場したとたん、大雨。にも関わらず、なんと満席のお客様方が！　滋賀県は運動がまとまりにくいそうだが、「脱原発」だけで今回は多くの団体、個人が結集したのでした。あの「拝啓関西電力様」「一万円」の青田さんご夫妻も来てくれ、詩を読むときは思わず力がはいり自分でもびっくり(笑)最後は会場のみなさんと力強いシュプレヒコール。あられまで降る寒い屋外でしたが、パレード開始を見計らったように雨はやみ、琵琶湖に虹がかかったそうです。

繋がっていきましょう。必ず、いい方向に虹の彼方に向かっていきます、だいじょうぶ!!


フェイスブックでお友だちの上田道夫さんから暮れの集会ですばらしい詩の朗読を聞いたと連絡があったのは年明けの頃。相馬市から大津市に避難している青田恵子さんの詩です。早速ネットで「拝啓電力会社様」「一万円」を読み、相馬弁がとてもいい、笑いと怒りの青田節です。即座に「語らせてもらいたい」と上田さんから青田さんの連絡先を聞いて、快く承諾してもらい、二〇一四年の今でも毎回のように講演の度に紹介させてもらっています。

お客様がそっと涙を拭う「一万円」をここで紹介します。


「一万円」

宮城県に五人で避難していた二ヶ月
当座の物品購入費用代
一万円の賠償請求したんだわ
東京電力さ郵送したらば
二、三日して速達が来たんだわ
さすが東京電力やるごと早《は》えごどと思って
開けて見たらば
一万円の領収書つけてよこせって
戻さっちぇ来たったの
レシートなんと　どっかさ失《な》くしたべし
失くしたならば買った店の名前
ゆってよこせって
買った日付もゆってよこせって
そだごと今さらわかんねー。思い出せねー。
やっぱしくれたくねえんだ一万円
一万円くれてやっからあれ出せこれ出せと

青田惠子さん、勝彦さんと。大津にて

はじめっからねえのわかってゆってくる
おめぇらだって二年も前の買物
覚えてっか?
ダイヤモンドやマンションでねえんだよ
茶碗五個　湯呑み五個　皿五枚
たわしにスポンジ　ほいちょ(包丁)にまな板
自衛隊から水もらうのに並ばねばなんねえし
その日その日　生きんのに精一杯で
そだ領収書どころでねがった
ゆくゆく賠償さ必要になっぺなんて
そだごとまで考えらんにぇがった
座卓もねえ　畳さ　新聞紙広げて
テーブル替りにしたんだげんちょも
紙コップから　初めてセト物の茶碗で
「お茶っこ」した時は　うまかったなぁ
五人で二ヶ月間の日用品だよ
下着も着替えも何にもねかったんだよ

一万円とは
ずい分少なく見積もってやっちまったもんだ
領収書出せなんて　おどすもんだから
こっちから東電さオマケして安くしてやったんだ
どこまで欲深であさましいやつらなんだ
ああ！　いらねえ　いらねえ
一万円なんと　いらねえわ
そのかわり　〝三・一一〟の前の福島さ
戻してくいろ
早春の阿武隈の峰より注ぐ　あの
オレンジ色の残照に包まれた
オラのふる里を
返してくいろ

この詩を私は講演の終盤近くに帯の間からiphoneを取り出して「最近は講釈師もこういうものを持つ時代になったのです」と。瞬間笑うお客さんも詩を聞くうちに何人かは涙を拭う、方言って……いいものです。

事故から二年目の三月ということもあり一二日につくばで「はだしのゲン」「チェルノブイリの祈り」の昼夜公演、一五日には佐倉市で「チェルノブイリの祈り」公演と各地で代表作を聞いてもらいました。

そして四月に入って、猫の里親会から捨て猫が我が家に。旅公演が多いからとペットは諦めていましたが、案ずるより生むが安し、ペットオーケーの借家だしなんとかなるのじゃないか？福島の捨て猫をもらおうと思っていたところ、サロンの猫好き田口さんが赤羽の里親会を紹介してくれて、三ヶ月の「香太郎」くんが家族の一員となりました。今ではすっかり我が家の人気者です。

四月六日（土）には今年も上方芸能主催、大阪心斎橋劇場の「春の語り芸」に「チェルノブイリの祈り」公演。連続で声がかかったのはおそらく初めて？

四月の講談サロンで上方芸能の木津川計さんの本をテキストにして間の取り方の勉強をしようと。

「嫁さん売って絵の具を買った　娘を売って筆買った　おふくろ売って家賃を払った　おやじを売ったら返品された」を皆さんに読んでもらうことに。

もちろん、落ちは「返品」、この前に半白の間をいれるというわけだ。「落ち」をかくして、まずは詩だけのコピーを渡す。

この直後、まさかの意外な展開に私は涙を流しながら笑い転げることになるのです。

最初に指名した本間さん、彼は落語や浪曲、新内、三味線とお稽古に通っている通人です。彼は……なんと浪曲とも新内ともなんともわけのわからない節をつけて読むではないか！　もう後に続く人たちはぐちゃぐちゃ（笑）。それでなくても個性的な皆さん、負けじと不思議な音読大会となりました。悪代官風あり、歌舞伎調あり、都々逸風あり……。講談サロン香織倶楽部、おそろしや～～（笑）。

2　狭山事件から福島の闘い方を学ぶ

きっかけは鎌田慧さん

五月に入り一日は講談祭り。二日は秋田平和フォーラムに呼んでもらい憲法集会。そして三日は「広島憲法集会」のため広島へ移動。これが結構大変でした。三日一番の便で羽田へ。乗り換えて広島空港へ。山陽道渋滞と連絡があり、広島空港からタクシーで白市駅へ。丁度入ってきた一二時一三分広島駅着の電車にとびのり、ぎりぎりセーフ、一時半からの出番に間にあって涼しい顔で講演。いや、便利になったものです。

四日は死刑廃止フォーラムでしりあった大月純子さんの案内で広島からの帰りに鞆の浦、鞆の津ミュージアムで開催中の「極限芸術・死刑囚の表現」に立ち寄る。有り余る時間と迫る死刑執行の狭間の絵画……すごい迫力！でした。林眞須美さんのもあった。早く再審を！

この後昼食をとっているときに鎌田慧さんから電話があり、狭山事件の講談をひき受けることになるのです。本書巻末の新作講談集に林眞須美さんを描いた『シルエット・ロマンスを聞きながら』と石川一雄さんを描いた「石川一雄、学問のすすめ」も載っております。

二三日（木）朝四時に起きて台本を完成させ印刷し、いざ、日比谷野音へ。五〇年前の今日、石川一雄青年は不当逮捕された。それにしても「狭山事件」は複雑怪奇、これを講談にするにはとても時間がかかるわけだ。今回は獄中で文字を獲得した石川一雄青年は運動もせず日記、手紙と書きまくり、文字とともに糖尿病も獲得してしまったこと、石川一雄さんとお連れ合いの早智子さんの二人三脚ぶりなどを約一五分にまとめた。題して「石川一雄・学問のすすめ」。石川さん、早智子さんご夫妻、笑いながらとても喜んで下さりほんとにうれしい！

鎌田さんと石川さんの対談で「僕たちも先がそうながくないから」と石川さんと同年の鎌田さん。しばしの

間があり「いっしょにしないで。私は無罪を勝ち取った後、第二の人生が始まるんです」と約三〇〇〇人の笑いを誘った。石川さんは声も大きく、前向きで明るく、すごい方だ。このキャラクターをもっともっと伝えたい。

「石川の水の流れはいや増して明日またるる再審の道」香織

この集会には全国各地から大勢の支援団体が集結。この後、全国各地の部落解放同盟から呼ばれるようになり「今、一番差別を受けているのはフクシマだ～」と語りまくります。そして部落解放同盟の永年の運動からフクシマは「人権」について学ばなければと思うにいたるのです。

五月は他に文化放送「鎌田實と村上信夫の日曜はがんばらない」の収録もありました。ラジオビタミンでおなじみだった村上信夫さんがNHKをやめたのは私がゲストで呼んでもらったすぐ後でした。今は講演などでも大活躍中です。鎌田實先生とは松本で「チェルノブイリの祈り」公演以来、実に一〇年ぶりの再会。あのときはアレクシエービッチさんも一緒で私の公演を喜んでくれた様子を鎌田さんが

鎌田實さん、村上信夫さんと

話してくださった。

そして一九日、市ヶ谷のＪＩＣＡ地球ひろばにて、ＮＰＯ法人「ふくしま支援・人と文化ネットワーク」第三回総会、そして飯舘村の長谷川健一氏の講演。この様子を当会の広報誌「此処彼処」の報告から紹介します。書き手は理事の広重隆樹さん。

帰還政策や除染事業の実態を批判
学者の「安全説法」で住民が混乱

長谷川さんは飯舘村に生まれ、伊達市と接する前田地区で一家で酪農を営んでいました。二〇一一年三月一四日までは、飯舘村の放射能汚染の現状について知るすべもなく、一五日夜に「毎時四〇マイクロシーベルト」という数字を知っても、すぐにはピンと来なかったといいます。

その当時あたかも飯舘村を目指すようにして拡散した放射能のデータは、ＳＰＥＥＤＩや米軍調査で確認されていたにもかかわらず、すぐに公開されることはありませんでした。村は放射能の危険性を伝えることなく、そればかりか、長崎大などの学者を呼び、彼らは「飯舘村は避難の必要はない」と発言していました。長谷川さんの言葉を借りれば〝安全説法〟。この安全説法を繰り返した学者チームは、その後、福島県放射線健康リスク管理アドバイザーなどと名乗り再び来県、県民健康管理調査などにも関わっています。

こうした行政の動きが一転したのは、四月一一日のこと。政府が飯舘村全村を計画的避難区域にすると発表したのです。その内容は住民の避難と共に、家畜の移動制限・殺処分を含むもの。しかし長谷川さんは牛乳のサンプリング調査を続け、検出限界以下にまでなった牛を守ろうとしました。

放射能汚染によって酪農や農業ができなくなった農家はたくさんいます。「原発さえなければ」と書き残して自殺した、相馬市の酪農家・菅野重清さんは長谷川さんの友人の一人。他にも九四歳、一〇二歳といった高齢者が自殺を余儀なくされている現状を、長谷川さんは「情けない」と慨嘆します。

モニタリングポストの数値は正しいか

除染の現状についても、貴重な報告がありました。現在、飯舘村の放射線量として伝えられるのは、毎時〇・七二マイクロシーベルト程度です。ところがこれはモニタリングポスト周辺を自衛隊などが徹底的に除染したため。実際の放射線量はまだ高いというのです。例えば、二〇一二年三月の京大・今中哲二助教らの調査でも、モニタリングポストのすぐそばで〇・九〜一マイクロシーベルト程度なのが、一〇メートル離れると二・四マイクロシーベルト、さらに一〇メートル離れると三マイクロシーベルトというように高くなりました。

「今後（疾病が増えるなど）何かがあったときに、モニタリングポストの数値だけで因果関係がないとされるのは困る。そのために、私たち民間でも継続的にデータを測定していく必要がある」と長谷川さんは語っています。

原発事故によって破壊された飯舘村の生活を振り返りながら、長谷川さんは国、県、自治体の「帰還政策」や除染事業の実態を批判。福島の苦悩はいまもつづいており、事故の体験を風化させてはならないと語りました。一時間半におよぶ講演内容はYouTube（http://bit.ly/16zkbc2）で視聴できます。

六月に入ると山本太郎さんが多くの仲間の期待を受け参院選に出馬、待ちに待った出馬表明の場で司会を担当、彼の口からきっぱりと「出馬宣言」を引き出すことができました。

山本太郎さん出馬

⌃一一日（火）「山本太郎さん大いに語る」南部集会に。太郎さん、東京選挙区から無所属で出馬表明した途端、会場がパッと明るくなった。皆さん、それが聞きたかったんです。太郎さん「優柔不断で遅くなってしまい」と。いえいえ「みどりの連合」を立ち上げようと懸命にいくつかの政党や団体に働きかけていたことは皆知っています。熟慮の末の決断、応援がんばります。⌄

七月は戦後五〇年の節目の年に小樽の真正寺のご住職上野さんに「はだしのゲン」で呼んでもらってから一八年目、また声をかけてもらいました。

⌃七月一六日（火）から一九日（金）まで真宗教団連合の「夏季仏教文化講演会」に講談「は

だしのゲン」で呼んでもらう。旭川、空知、小樽、室蘭。各会場ほぼ満席で熱心に聞いてくださった。連日朝晩涼しくて、湿度もなく避暑にきたよう。北海道の真宗はまとまりが良く各派が合同で開催、なぜ各派が仲良く?と尋ねたところ、開拓団とともに北海道に入った真宗、歴史が一〇〇年と浅く、互いに助け合ってきたから、とのこと、納得です。今回の参院選、脱原発候補が少なからず出馬、もう少し各政党がまとまって絞り込みができなかったのか、と無念に思っていたからなおさら納得でした。

大間のあさこはうすへ

帰りに、前から一度訪ねてみたいと思っていた大間の「あさこはうす」へ。二〇日夕方フェリーで大間到着。風が吹き渡り気持ちいい。おそらく冬の風景は……寒そう。大間にきたらやはりマグロと、ちょっと高かったが思い切って注文。大きいのが出てきました。大間原発が稼働したら、名物は大間の放射能マグロになっちゃうのだ。建設中断中の大間原発、電源開発の一部に私有地がある。それが「あさこはうす」。二一日、朝早く散歩すると、古い建物の公民館が投票場になっていて高齢者が出口調査を受け

「あさこハウス」で小笠原厚子さんと

ていた。山本太郎さん必勝を祈りながら「あさこはうす」を訪問、行ってみてびっくり、なんと一町歩（三〇〇〇坪）もあるのです。畑も出来るし、蛍もいる。ヤギや羊や鶏を飼いたい。そして子どもたちの遊び場にしたい。ふくしまの子どもたちも呼びたいと言ってくれました。「あさこはうす」へはがきを出して応援しましょう。

青春映画「物置のピアノ」に出演

翌日は、福島に立ち寄って映画撮影に参加。何を隠そう、映画出演は初めてでした。この映画「物置のピアノ」は福島県の桑折町が舞台、原作者も脚本家もプロデューサーも日本映画学校（現・日本映画大学）卒の二〇代の福島県出身者で、プロデューサーの橘内裕人さんは当会の会員でもあります。当会も映画製作の団体協力会員として応援。「陰ながら」のつもりが全体をまとめる武重邦夫さん（七八）から昔俳優を目指していたのだから出演してと声をかけてもらった次第。武重邦夫さんとは九年目、防災講談に取り組み始めた頃からの知り合いです。ピアノ教師役で台詞も二言三言。二〇一四年の公開をめざしています。ぜひ、観てくださいね。

ピアノ教師役に

いわきの子たちに会いに天草へ

そして七月末堺市へ。昨年に引き続き「福島報告」と「はだしのゲン」で呼んでくれた和泉おやこ劇場さん。青田さんご夫妻がきてくれ、ご本人の前で「一万円」を読ませてもらう事ができた。夜の部終了後、大急ぎで関空のホテルへ移動し翌朝七時半のピーチの便で福岡へ移動し、福岡から天草エアラインで天草へ。四時からポルトで「米軍ジェット機墜落事件、哀しみの母子像」を。この公演には二五日から保養で天草に来ているいわき育英舎の小学生九人が参加、難しいのではないかと思ったが、終了後四年と六年の子がまた聞きたいって！　親との縁がうすい子どもたち、きっと、父親が三歳と一歳の息子たちを見送るシーンに、また、土志田和枝さんが二人の子どもの死を知らされ、子どもたちへの切々たる愛情を語るシーンに心打たれたのではと思うと……。夜は保養事業に同行してくれている理事の横田さんと広重さんたちと笠井さん宅で会食、笠井さんが天草へ移住して六年、彼女のネットワークのお陰で今回の事業も実現できました。「此処彼処」から横田朔子理事の報告です。

天草保養キャンプ報告——天草の大自然に抱かれ、思う存分遊んだいわきの子どもたち

市民の手で、福島の子どもたちを放射能から遠ざける

二〇一三年七月二四日〜三一日までの八日間、熊本県天草市の市民ボランティアの皆さんのご支

援を得て、児童養護施設「いわき育英舎」の小学生九人と引率教諭二人を天草に招き、保養キャンプを実施しました。

東電福島第一原発の過酷事故により放射能汚染にさらされた福島の子どもたちは、以前のように思いっきり太陽を浴びて屋外で遊んだり豊かな海で泳いだりすることができません。子どもは遊びがいのちです。遊びを通して五感をきたえ、社会性を育んでいきます。本来なら国や東電が率先して子どもたちの健康を守るため、安全な地域に避難させたり保養事業に全力で取り組まなければならないはず。オリンピックなどと浮かれている場合ではないのです。

こうした国や東電の無為無策を補うため、いま全国の市民ボランティアによって保養キャンプが取り組まれています。私たちもまた、チェルノブイリ原発事故の経験から保養効果が科学的に証明されていることを学び、ＮＰＯとしてこの保養事業に取り組んでいます。

盛りだくさんの保養キャンプ

天草といえば〝キリシタンの天草四郎〟しか思いつかなかったのですが、自然の豊かさ、海山の幸の美味はいうまでもなく、人々

の温かさは絶品。六歳から一一歳の子どもたち九人は、実に屈託のない明るさと人懐っこさ、エネルギッシュな行動ぶりで、周りの大人たちを楽しませてくれました。

宮地岳の里山では炭焼き、川遊び、牛舎での餌やりなどを体験しました。朝生まれたばかりの赤ちゃん牛がよろけながら懸命に歩く姿など、命を育む農家の営みに触れることができたのは貴重な体験でした。

天草下島の北東部、通詞島周辺では、イルカ・ウォッチングも楽しみました。水族館以外でイルカを見るのはみんな初めてのこと。何百年も前からつづく、漁師とイルカの共生・共存の関係についても学習することができました。

後半の新和町地区ではボランティアのお宅に分散してホームステイ。朝夕の食事は近くの公民館で、多くのボランティアによって提供されましたが、その調理や後片づけを子どもたちも積極的に手伝いました。

保養キャンプの成果

一、心身のリフレッシュ効果

放射能を心配しなくてよい天草の豊かな自然の中で、子どもたちは実にのびのびと遊びまわり、現在の福島では得ることのでき

ない楽しくて貴重な数々の体験ができました。

二、社会性を育む

日常生活、学校生活では接することの少ない大人たち（＝地域の市民ボランティアの方々）との触れ合いは、短期間とはいえ子どもたちのパーソナリティ形成に良い影響を与えたと思います。また、朝・夕の食事作りを積極的に手伝うなど、たんに保護・指導される関係を超えて、大人との共同作業によって社会性を育む良い機会となったと思います。

子どもたちの被曝をくい止めよう！——反省点と今後の課題

真夏の太陽の照りつける天草での八日間は体力的に大変でしたが、子どもたちの存在そのものに励まされ、私たち同行者も素晴らしい体験を得ることができました。そして、「この子どもたちをこれ以上被曝させてはいけない」という思いが、私たちの反原発の原点だとあらためて痛感しました。

今回の保養事業は、会員やサポーターのカンパ、福島支援Tシャツ販売に協力下さった多くの人びと、そして何よりも現地の受け入れ体制が充実していたからこそ実現で

きたものです。

神田香織理事長の協力要請に快諾された天草市長。受け入れ窓口の責任者である笠井洋子さんや新和町地区の洲崎さんをはじめホームステイに協力して下さった地域の皆さん、「原発ではなく、太陽を！　天草宝島ネットワーク」事務局長・生駒研二さんと仲間の皆さん、宮地岳営農組合・事務局の立川慎一さんと関係者の皆さん、宮地岳営農組合・里山の会の皆さん、そして沢山の市民ボランティアの皆さんの心のこもった温かいご支援は、子どもたちの胸に深く刻まれたことでしょう。

NPOと天草の受け入れ側との事前の話し合いや、NPO・天草市民・育英舎三者の現地におけるミーティング（日ごとの反省会など）が足りず、意思疎通に欠ける点があったことは反省点の一つです。こうした反省や現地の皆さんの評価も踏まえながら、天草とのつながりをどのように継続していけるか、今後検討していきます。そして、皆様のご協力・ご支援を得ながら、放射能から子どもを守るための「保養事業」の充実をはかっていきたいと考えています。

3　「はだしのゲン」が閲覧制限!?

八月は「はだしのゲン」大忙し

八月一日（木）三重県は鈴鹿市、三日（土）群馬県高崎市で「はだしのゲン」公演。五日（月）

には大分県教組中津支部の皆さんが主催者の教育講演会。六日（火）、六八回目のヒロシマの日には添田町で人権講演会「はだしのゲンを語りつづけて」。一一日（日）ふじみ野市のみほの幼稚園で「はだしのゲン」、猛暑の中、八〇人近く来てくれ、中には疎開裁判の柳原弁護士もお連れ合いさんといっしょに。柳原さんいわく、園長の安野さんは福島の子どもたちを自宅に保養に招いてくれたそうだ。嬉しいではないですか。

そして、なんと松江市教育委員会が「はだしのゲン」を閲覧制限という信じがたいニュースが飛び込んで来たのです。

《一七日（土）　松江市教育委員会が「はだしのゲン」を学校で子どもが自由に閲覧できないようにしていたという報道が。冗談じゃない。私も講談で「はだしのゲン」を語っているが、戦争と原爆を力強く訴える稀有な作品、本来、まっとうな教育の手本が「はだしのゲン」です。そういえば、私が福島県に出戻っていた一〇年以上前、教育委員会の指導のもと、「講談はだしのゲン」学校公演が好ましくないとされた。理由は「原爆と原発は発音が似ていて東電に申し訳ない」という自主規制だったとか。「まさか〜」と笑って聞き流していたが、確かに県内の学校公演はなくなった。

こういう人たちが福島の教育委員会……怪談よりも怖い話。松江市民の皆さん、教育委員会の皆さんに伝えて、中沢さんの遺言を。「私たちの悲惨な不幸を踏み台にして、自分たちの人生を幸せに生きてほしい」。これこそ教育の原点ではないですかって。》

思えば長崎、広島で被爆された方々はその後、結婚就職と差別を受けることになる。福島もすでに婚約を破棄されたり、子どもたちも避難先で心ないことを言われたりと理不尽な差別に直面している。やり場のない憤りを誰にぶつけたらいいのだろうか。……そんなとき、やはり、歴史から学ぶのです、闘いの歴史から。

部落解放の闘いから大いに学べ

◆二九日、三〇日（金）　第三八回部落解放・人権　西日本夏期講座、アスティ徳島にて。なんと三〇〇〇人も参加。二九日の石川一雄さん、早智子さんと弁護士の中山さんの講演を聞く。証拠開示がすすみ、二〇〇万人もの署名が集まった。そして、石川さんの講談もできたし、まもなく映画「みえない手錠をはずすまで（仮題）」も公開予定（「SAYAMAみえない手錠をはずすまで」として公開された）。もうこうなったら来年こそ再審開始！　三〇日、私の講演の前に、主催者側のお話が。解放同盟が出来るまでのご苦労、結成のきっかけ、識字教育を受けた方の苦労話など、涙なくてはきけない内容だった。石川さんご夫妻、中山弁護士も私の講

石川一雄さんと

演を聴いてくれた。帰りは司会を担当した高開千代子さんに空港まで送ってもらうことに。どうしても行きたかった場所。早智子さんが子どものように夢中になって海水浴を楽しむ一雄さんをみて、「この人は普通の人が楽しむ事をほとんど体験できなかった、一緒に楽しめたら」という気持ちになった月見ヶ丘海水浴場に案内してもらう。しずかなビーチで、石川さんがはしゃいでいた様子を想像していたら高開さんが一言「整備されて昔の浜とは全然違うね」(笑)

猛暑、ゲリラ豪雨をぎりぎりでかわしながら、こうして私の八月は幕を閉じて行きました。そして、……はだしのゲンは二万人以上の署名を集め、無事、閲覧制限は解除されました。書店の売り上げは今までの四倍、私の講談もそれなりに。草葉の陰で中沢さんはきっとこう思っているでしょう。「漫画を読む人が一人でも増える事が僕の願いだ。皆さん、ありがとう。」

九月には新作「福島の祈り――ある母子避難の声」を発表しました。

福島からの避難と想像されるでしょうが、実は東京からの避難者の物語です。なぜ東京か？オリンピック招致のときに当時の武田理事長が「東京は二五〇キロ離れているから大丈夫」と言いました。しかし、現実は健康被害がでて関西に移住した人が沢山いるのです。また、高市早苗議員は「原発事故で亡くなった人はいない」と言いました。避難命令が出たため消防団員が捜索に行けず一〇〇〇人近い津波被害者の人たちが亡くなっているのです、それも講談に入れました。

さあ、パパーンと張り扇を叩いて、一〇月にワープ。連日部落解放の運動から大いにヒントを得たのです。

「差別とたたかう上の島文化祭」

〈一〇月二三日（水）　午後から尼崎へ移動。「差別とたたかう上の島文化祭」の人権講演会に呼んでもらう。三八年も地域に根ざしている文化祭だそうだ。関西は同和問題をかかえ、昔から連帯し連綿と闘っている。東北はそれがないから「人権意識」が希薄な気がする。それが原発事故後に如実にあらわれ、県民たちは戸惑っている……。講演終了後の交流会で隣の方とそんな話をしていたら、なんと今年の春に阿部光裕さんの案内で福島の解放同盟の方を訪ねた！と。流石、阿部光裕さん、私は福島にも解放同盟があるとは知らなかった。しかし結果は「そっとしておいてくれ」とのことだったそうだ。福島県内で解放同盟としての闘いを立ち上げよというのは厳しいのか。まずは講師を呼び部落解放同盟の闘い方を学ぶことから。福島県民はあきらかに差別され人権侵害されているのにそれを主張できない。いわきの吉田恵美子さんたちが水俣から学んでいるように、過去あらゆる闘いから学ばねば！〉

北口氏の講演からヒントを得る

〈二四日（木）快速電車で四〇分。京都の駅は相変わらず大きいが、……薄暗い。眼鏡を取り出し、駅に隣接されているホテルグランヴィア五階古今の間へ。「同和問題」にとりくむ宗教教団連帯会議の「第二八回教団行政責任者研修会」講師として呼んでもらう。宗派の違いを乗りこえて三〇年前から差別問題に取り組んでいるとのこと、流石一流の宗教家の皆様です。

メインの講師は北口末広氏、「今日の部落問題と部落解放運動のこれから」。私はその後一時間。北口氏は部落解放同盟中央執行委員、大阪府連合会執行委員長、近畿大学人権問題研究所教授でいらっしゃる。私も講演を拝聴。一九九八年に改正された改正均等法で身元調査が出来なくなるまでの就職差別の実例、すさまじい闘いの結果勝ちとった経過など引き込まれた。彼自身「同和地区」の出身という事で若いときに悶々とする。が個人だけ頑張ってもダメと悟ったそうだ。福島の諸問題はどこから手をつけていいかわからず、感情ばかりが溢れ出し怨嗟の叫びは自分たちをさらに追い込んで、言葉にならない状態だ。私も頭をかきむしる毎日だが北口氏の講演から出口につながるヒントを得ることができた。

「事件」に対しての解決の仕方だ。一、事実認定。二、問題点、差別性の整理。三、事件の背景、原因(もちろん複数)。四、その背景、原因を取り除く為の課題をあげる。五、課題を方針化、政策化する。六、それを実践する為の新たなシステムを構築する。

これを、原発放射能大放出事件に当てはめる。時間は相当かかるだろうが、不可能ではない。そうだ、まずは北口氏に福島で講演してもらいましょう!

県民同士、いがみ合っている場合ではないのです。責任を取るべき人々は海外で高笑いをしているのですから。

山形半年、飛騨高山一年、そして春から上田市へ避難

◆二六日（土）　雨の中、午前七時に出発。一〇時半に会場の上田市城南公民館に到着。午後には雨も上がり一安心。きょうは上田市人権講座で講演会、テーマは「はだしのゲンを語って二七年、今ふるさと福島は」。私たち福島県人は人権意識が希薄。自分たちの人権の守り方、主張の方法を部落解放同盟から学ぶべき、と先日京都で聞いた北口先生の話から入り、二時間たっぷり話させてもらった。田村郡から避難している吉田さんという方も来てくれた。山形半年、飛騨高山一年、そして春から上田市。子どもさんたちは「もう転校はいやだ」といっているとか。避難家庭一五万の皆さんそれぞれ一人一人が大変な苦労をしている、今現在も。避難生活を強いられている方々の基本的人権、幸福追求権、生存権がないがしろにされたまま、「秘密保護法案」「集団的自衛権」「消費税増税」とは(怒)。それにしても雨上がりの長野は遠景の山々に霧がかかってなんとも美しく……怒りもしばし癒されました。◆

一〇月一一月はほんとにいろんなところに呼んでもらいました！　ここからは一気にブログの流し読みなり〜。パパンパン

二七日(日)には名東保育園を有する社会福祉法人フジ福祉会一九回目の「あいあいフェスティバル」に呼んでもらい、一一月三日（日）六年前に「チェルノブイリの祈り」で呼んでくれた日

大国際関係学部安元ゼミがまた声をかけてくれた。ナターシャ・グジーさんの妹、カテリーナさんがミニコンサートで参加。彼女とは八年ぶりの再会だ。八年前ご両親と一緒に来日したカテリーナさんはまだ一八歳、お父さんも講演された。カテリーナさん、今は東京に住んで活動中とのこと。聞けばお父様が二年前に亡くなられ、検死の結果、放射能被害が認められたと。お父様は私より若いはず……四日（月）国学院大学、若木祭、文化企画で「はだしのゲン」。国学院大学はこれで二度目、漫画閲覧制限、特定秘密保護法に危機感を持ち呼んでくれたのでした。後藤政志さんは偶然にも国学院大学の非常勤講師をしていらして、講談を聞いてくださいました！3・11直後、避難先の長野で連日、後藤さんの解説を手に汗を握ってみていた頃を思い出す。後手後手のしかも不誠実な政府、東電の対応。案の定心配したとおりになってしまった……。気を取り直してがっちり握手。

八日（金）憲法行脚の会『「はだしのゲン」をなぜ消そうとしたのか』で第一部「はだしのゲン」、二部で「誰に都合が悪いのか」佐高信さんと対談。折しも「はだしのゲン」の時代の治安維持法を彷彿とさせる特定秘密保護法案が衆院で審議入り、そのせいか満席近い。九日（土）朝八時過ぎに家を出て、まずは郡山へ。「第八回憲法を活かす県民集会」会場は体育館で、寒い〜。今回は若者のパネルディスカッション。高校生で平和大使の仲野さん。「3・11福島にいただけで被曝者と言われ続ける。原発に関心がなかった大人のせいと恨んだ。今は食べ物を気にしたり外で遊べない現実を伝えるのは私たちしかいないと思っている。

子どもたちが腹を決めているのです。体育館を後にして、また新幹線にのり東京へ。昼食は駅で暖かいおそばでもと思ったが時間がなくて冷たい駅弁（涙）駅弁は添加物が多くて悲しい……。星陵会館で「脱原発をめざす女たちの会」二周年集会。あれから二年八ヶ月経ち状況は悪化する一方、しぼむどころか、ここからが正念場と、発言者も参加者も圧倒的に女性が多く、皆とにかく元気、とても力がわいてくるから不思議。「群れる事、繋がる事」弱者にとっての最大の武器なり。

一〇日（日）　朝七時に出て横須賀市文化会館へ向かう。移動中七時半頃茨城県が震源地の結構大きな地震があった。震源地がどんどん関東に向かっている……。フクイチではもうすぐ四号機の燃料棒取り出し作業が始まる、地震で落としたら、作業員が近寄れなくなり、ああ〜。「第四五回子どもの明日を語る会」三浦半島地区教職員組合さんが中心となり「フラガール物語」を一席。きょうも女性のパワーが一杯の集会なり〜。

一二日（火）は小田原市の酒匂中学校で講演。目の前が海なので「津波てんでんこ」の話もいれた。一三日（水）は立川消

脱原発をめざす女たちの会２周年集会

防署で火をつけまくるお話の「稲むらの火」一四日は西東京消防署で「井戸掘り五平」を入れた講演会。そして一六日にはNPO「ふくしま支援・人と文化ネットワーク」のイベント。福島原発告訴団の団長武藤類子さんもお客さんとして参加。横田理事の天草報告、私の「福島の祈り――ある母子避難の声」、二度目の出演佐藤和良氏講演。

二三日は昼間、さいたま市のDV防止フォーラムで講演、国家によるDVをなくさなければ家庭内のDVもなくならない！と訴えた。さいたまアリーナは3・11後双葉町の人たちの避難先となった場所だ。うれしいことに毎月、避難者たちのつどいを開いてくれている、こんどぜひ参加して皆さんとお話ししたい！

佐藤和良さん、武藤類子さんと

京浜東北線で御徒町へ移動し、夕方からは年に一度の講談サロン広小路亭発表会へ。毎回どうなるかハラハラしますが、今回は八〇人も来てくれて大入り満員。出演者も持ち味を活かし、お客さん大満足でした。急遽出演の田中織あさんのバナナならぬ「命のたたき売り」の締め、「HKNP」を流行らせたいものです。

「明るい未来をつくるのは、無関心の反対、放っておけない精神でございます。この放っておけない精神の持ち主を（ほおっておけないぱーそん）HKNPと呼び賞賛してまいりましょう。偶然にもNHKと同じアルファベットでしたのでHKNほうっておけないチャンネルをみなさまおひとりおひとりが発信します。そして言葉で勝負でございます。今このときからHKNのアンテナたててまいりましょう！

人間謙虚にHKNP。実る程ほおっておけない覚悟かな。HKNPを笑う者はご臨終のあとに泣く。命は大事に使いましょう！」パパンパン

4　とことん狂った年の暮れ

一二月四日から六日、国会周辺は悪鬼羅刹のごとし

ああ、今年の七月に避難を決意とは！

◆四日（月）　参議院議員会館の前で秘密保護法に反対する大勢の皆さんにエールを送りながら、疎開裁判の「安倍首相は子どもたちを被曝から守るために緊急避難を実施せよ！」記者会見に。前双葉町長の井戸川克隆さん「自身、かなり被曝していて気分が悪い、原発事故は事件であり、子どもたちを被曝したまま生活させる事は虐待だ」。会場を出る際に挨拶したら「香織さん頑張ってくれてるね〜。いわきの北部の人たちはいわきは放射能の影響がないといいきり、補償を退けた前市長を訴えるべき」と。そう、どんどん訴えなくては。衝立ての向こうの自主避難者は今年の七月になって福島市内から山梨へ避難したという。家の中は〇・八マイクロ。敷地は一・五。学校の敷地も同じ。政府の言う事を信じて地域の野菜や水を飲んでいた結果……子どもたちと自分に嚢胞。子どもからはセシウムが検出された。夜中に窒息しそうになる。足の裏から、足、腕がちくちくと痛む。身体がだるく、腕がいたくて戸の開閉が出来ない。息子のアレルギーが三倍ぐらい酷くなった。学校を一週間ぐらい休むようになった。もうだめだと観念し、山梨へ。移住後一週間は吐き気、頭痛が続くものの日が経つにつれて良くなって来た。一ヶ月で体調が良くなりしみじみ思う。「もっと早く避難していれば！」

大勢の発言者がつづき、私自身も非常に勉強になった記者会見でした。

五日、秘密保護法の行方が心配で、きょうも国会周辺へ。正門前のドラム隊の後ろで声を張り上げる。実に大勢の方々が反対を訴えてる。その後、参議院議員会館前へ移動し、演説をさせてもらう。

森大臣、人権派弁護士だったはず

「森雅子大臣、あなたは宇都宮さんの事務所で修行した人権派弁護士だったはずです。あの大震災の後、福島選出の男の国会議員の動きが見えないなか、あなたは車に支援物資を積んで、被災地に何度も足を運び、絶大な信頼を得た。だから今年の参院選でも圧倒的な支持を得たではないか。それなのに、どうして福島の人たちを裏切るのか、いますぐ秘密保護法担当大臣の役をおりなさい。」

森雅子さんは私の高校の後輩でもあり、弁護士時代、キラキラしていてまぶしいぐらいだったのに……。福島県人が「原発事故の事もテロ防止ということで秘密にされる！」と大反対しているのに……。安倍首相によるアコギな人選、どこまで福島県人を愚弄するのか！

六日（水）日比谷野音の大集会に参加。ものすごい盛り上がりだ。太郎さんも登場「可決された日が始まりだ！ 執行されるまで一年間ある。地方選で勝利し安倍政権を倒す。一万倍返しだ」。「香織倶楽部」の柿色の旗が夜空に翻りる。夜一一時二四分に強行採決、自民、公明、醜悪極まれり。しかし、全国から集結した五万人ものみなさんは怒りのパワーで声を上げ続けている、むのたけじさんも「可決されたら廃案に向かってすすむだけ」まさにその通り、これからが始まりです！

そして六日の午後一一時、参院にて強行採決。しかし私たちはだれもめげてない。そう「あきれ果ててもあきらめず」だ。

一二月はその後もアイ女性会議ひょうごの皆さん、山形は真宗大谷派教務所の皆さん、日本女子大同窓会、竹原市人権会館と講演が続きます。山形の会場のご本堂にはとてもすてきな張り紙がありました。「嘘は百万年かけて固めましても嘘です。平野修」、我が意を得たり！　ツイッターでつぶやいたら大勢の方がリツイートしてくれました。

まさかの安倍首相靖国参拜

◆二六日（木）　初めての試みでNPO「ふくしま支援・人と文化ネット」と「講談サロン香織倶楽部」の合同大忘年会を本郷文化フォーラムで。なんと予想以上に三三人もの皆さんが来てくれて満席。「楽団ひとり」の花岡さんのサックス演奏と歌、森さんの南京玉簾、原発から一・五キロのところに住んでいた亀屋さんの切実な報告、民の声新聞の鈴木さんの福島報告と、笑あり涙ありのいい内容の忘年会となりました！

がしかし、この日は午前中に、まさかの安倍首相靖国参拝。現役首相としては七年目、それでなくとも中韓とは緊迫しているのに、そんなに戦争したいのかと唖然呆然、怒り心頭！　二三日には国家安全保障会議で南スーダンのPKOに銃弾一万発を無償で譲与、など「武器輸出三原則」を勝手に逸脱、銃弾は殺すためのもの、それを勝手に決めて許せんと怒り千万のところへ持って来て、靖国参拝。

だからなおさら、「明るく楽しくしつこく」闘うぞ、「あきれ果てても諦めないぞ」気合いが入った亡、いや望年会となったような気がする。準備から後片付けまで、NPO、サロンの皆さん、お世話様でした。

とことん狂った年の暮れ

二七日（金）今年の暮れは異常事態だ。靖国参拝で沸騰している怒りが爆発寸前。年があければ「あけましておめでとう」とすべて忘れてしまう、めでたい国民性だから?と安倍首相は完全に国民を愚弄している。「普天間基地を県外に」公約は破られ仲井真弘多沖縄県知事、この日、名護への埋立てを了承。県庁一階ロビーには反対する市民たち一〇〇〇人以上が座りこむ。四年前に訪ねた辺野古の海のまぶしいほどの美しさを思い出す。仲井真知事は三四六〇億の振興費で辺野古を売った。またしても国民の血税を沖縄県民を苦しめることに使われてしまう。フィリピンは選挙で米軍基地を追い出した。日本も続こう!

二八日（土）講談会の締めの「張り扇供養」。一年の終わりに振り返ると、今年は松江市教育委員会の「はだしのゲン」閲覧制限があり、例年より「はだしのゲン」公演が多かった、そしてまったく棄民状態の福島の報告、「チェルノブイリの祈り」の抜き読みで放射線が子どもや赤ん坊、胎児にどれほど影響があるか、作品を通じて訴える事が出来た。NPOでは子どもたちの天草保養が実現した。笠井さん初め天草の皆さんには心より感謝。娘たちの生活にも変化があった。あっという間の一年だった。しかし年末の「秘密保護法」「原発ゼロ撤回」「靖国参拝」「辺野古埋め立て」などなど数におごった安倍首相の愚行の数々、国民への裏切り。こんな無念な気持ちで正月など迎えられるはずがない。

そこで、気持ちを切り替えてみる。全国各地で呼んでくれた主宰者の皆様。お客様の笑顔。福島支援で繋がった全国の仲間。天草保養の子どもたちの笑顔。台風など異常気象の中、一度も被害に遭わず風雨をすり抜けて会場に到着できた事。もう、感謝で一杯だ。今、茨城が震源の地震が起きた。大晦日に地震。この地震国で原発を再稼働など絶対に許せない。今、この瞬間、原発なしで正月を迎える事ができるのだから。

みなさん、今年一年、応援ありがとうございました。ともに健康に気をつけて来年もふんばりましょう。

進化する香織倶楽部

1

進化する香織倶楽部

まずは簡単に講談とは？

「講談」は日本三大話芸の一つで、今から五〇〇年以上も前からある話芸です。あとのふたつは江戸時代末に誕生した「落語」と、明治に入って流行した三味線入りでうなるように声をだす「浪曲」です。

「落語」は笑いを提供し、「浪曲」は涙を誘う。そして「講談」は笑いあり、涙あり、何よりも庶民の声を、時に怒りの声を代弁する話芸と言われています。講談の特徴は、正座して前の机を「パパン、パン、パン」と張り扇（厚紙に竹の芯をつけ、和紙を張る）と扇子で叩きながら「何がなにして、なんとやら～」とリズムよく語る「軍記読み」で「修羅場調子」と言います。

昔はテレビもラジオもありませんでしたから、勇気のある男の人が戦の様子を見て、それを大勢の人々の前で語り、みな、情景を思い描き、わくわくしながら聴いていたのです。他にも武家物、仇討物（「宮本武蔵」「荒木又右衛門」等）、侠客物（「清水次郎長」「国定忠治」等）、世話講談（「吉原百人斬」「天保六花撰」等）などがあります。

江戸時代から昭和の初期までは講談はとても流行っていましたが、第二次世界大戦後、一時は講談師は二〇数人しかいない時もありました。なぜ、そこまで衰退してしまったのか、浪曲とともに戦争に利用され「乃木大将」「肉弾三勇士」など「日清、日露、第二次世界大戦」にかけて戦争推進の「士気高揚」に歯切れのいい、力強い発声の講談調が「お国の役」に立ってしまった。ところが戦後、いわゆる「民主主義」の世となり、つづく高度成長期、テレビも出現し、価値観が激変し、もはや義理人情、忠孝信義、士気高揚などが「アナクロ」となります。ものすごい勢いで講談が衰退していったころ書かれた本が一龍齋貞鳳氏の『講釈師ただいま二四人』。すでに廃業されて久しい一龍齋貞鳳氏ですが、今でも講談というと年配の方からは彼の名が出てくるほど、テレビ初期の「お笑い三人組」は印象的だったようです。

しかし、凋落したはずの講談が少しずつ盛りかえしてきて、今では東西あわせて約一〇〇人がこの職業についています。

私がこの世界に入った一九八〇年当時はひと桁の時も多かった客数が、最近は多い時で一〇〇人近く来て下さいます。

年間三万人も自ら命を絶つ昨今、そこへもってきて大震災、原発事故による「福島棄民」、怒りをこらえて生きている人々が大勢います。「庶民の怒り」を代弁する話芸、大いに講談を活用したいものです。

なぜ講談の道に入ったか？

高校時代演劇部だった私は労演というサークルに入っていて、二ヶ月に一度やってくる新劇の芝居を観るのが楽しみでした。当時女性は高校、短大、大学など出た後、数年社会の風にあたってから結婚して家庭に入るというのが一般的だった時代です。だったら二、三年やりたいことをしようと、思い切って新劇の劇団の養成所を受け研究生になったのですが、いわき訛りで笑われ、傷つき、あきらめようと思ったことも度々。そんなことであきらめるのは悔しいと悶々としていたとき二代目の神田山陽師匠（当時七〇歳）と出会ったのです。今からもう三〇年以上も前のこと。

講談は低い声から高い声、小さな声から大きな声と、とにかくお腹のそこから声を出すので、一年ほど習っているうちにいつのまにか訛りも気にならなくなり、声も大きくなって来た。と同時に講談の面白さに目覚め、思い切って講談協会に前座として所属し、この道に入ったのでした。二、三年社会の風にあたるつもりが……。

そして、プロローグにも書いたように、三年間の前座修行を終えていよいよ講談師としてスタートするときにサイパンへ。それが「はだしのゲン」につながり、「チェルノブイリの祈り」につながり、「福島の祈り」に。こうなると講談師になったのは偶然ではなかったのかも知れません。

「講談サロン」を開催したら

表現力に優れた講談を若干のプロだけのものにしておくのは勿体ない。八年前に株式会社ヘルスウェイで半年間話し方教室を開催し、手応えを感じたのがきっかけとなり、七年前思い切って月一回の講談教室「講談サロン香織倶楽部」を始めました。最初は控えめで声が小さかった方々が講談の発声法を身につけ、上達し、発表会で自信をつけて行くのをみて驚きました。今では人数も二〇人を超え、皆さん年三回も発表会を開催し切磋琢磨しています。前作『乱世を生き抜く語り口を持て』でも生徒さんの活躍ぶりを紹介していますが、今回はその後入会された皆様をご紹介。また、名古屋の「劇団うりんこ」でのワークショップも毎年継続しており、劇団員の皆さんも新作古典とさらに磨きをかけておいでです。

死刑廃止フォーラムからは中井厚織さん、鏡織鏡さんに続き、福田織福さんが入会。小説で受賞経験を持つ筆力、三年前には新作「袴田巌えん罪事件――百万遍」を発表。集会でなんども呼ばれてます。田中伸織さんは私がマクラで言った「どんなにすばらしい考えの持ち主でもそれをうまく語れないのでは宝のもちぐされ」に共感され即入会。なんでも講談を学んでパワハラ上司に立ち向かいたいと……。成長著しく、今では会議の席でもよどみなく発言、上司がひれ伏したとか!? アマチュア演劇で主役をこなすほどの演技力の大井克織さん。主役でも脇役でもたっぷり演じるので一〇分のネタでも倍の時間楽しめます。高橋千織さん、プロでも舌を巻くような発声、滑舌、そして豊かな表現力。この方を講談界にスカウトしたら……、他の女性講談師にうらまれそう（笑）。

田口織りんさんは落語が大好き。そのせいでしょうか、仕方話が面白い。お父様が亡くなられた時の「あっぱれとうちゃん一代記」はお父様の愉快なエピソードの数々を披露、自分の父を思い浮かべ、ほろっと。野村織枝さんは私が二〇一〇年暮れの死刑廃止フォーラムの集会で語った林眞須美さんの「シルエットロマンスを聞きながら」を聞き入会。練馬区在住の彼女はやはり練馬区に住んでいた植物学者牧野富太郎生誕一五〇年の時に「牧野富太郎外伝スエコ笹由来の一席」を創作。書いてるうちに覚えたと発表時には原稿なし、記憶力も優れてます。職場に近いからと入られた贄川織弓さん。初回の発表会で「がまの油売り」に挑戦。出来るだけ派手な着物でとアドバイス、明るく元気な油売りに仕上がりました。甲斐織淳さんは元国鉄マンで落語講談歴三〇年。震災の年、高橋織丸さんが主催する憲法寄席で語った「チェルノブイリの祈り」を聞き、こういう新作もあるのかと驚いたそうです。台本を書くのも得意で田中正造伝を連続で語り、最近は「幸徳秋水と石川啄木」などあちこちに呼ばれてます。田口織幸さんはケアマネージャーで大忙し。「男はいなくてもいいけど猫なしでは生きていけない」ほどの猫ずき。我が家の猫も彼女の紹介でした。田中織あさんは義父さんの遺品を整理しているとき出てきた古いラジオ、使えるかしら？とスイッチを入れたとき、私の声が聞こえて来て入会。3・11後、村上信夫アナの「ラジオビタミン」に出演した時です。ラジオ出演は、数年に一度ぐらいしか声がかからないのですから、ほんとにご縁ですね。二子玉川で癒しと学びのサロンを経営され、よもぎサウナや水素水での美顔など、ほんとに癒されます。鶯田織凧さんは絵本作家を志しながら派遣で働きつつ金曜日には茱萸坂で脱原発を歌声で訴え「茱萸坂のエディット・ピアフ」とも。最近入会の森久織さんは「外郎売り」の愛好会に入っていらっしゃったとみごとな外郎売りを披露、また南京玉簾もたのしく一座を盛り上げます。最近夜勤が多く参加できないのが吉川壮織さん。「ベロだしちょんま」を語りたくて参加された元演劇青年です。山梨からは住江織手さんがスカイプ教室で参加。発表会には自分で織り上げた着物や帯で参加、元気な大きな声の持ち主で一度稽古すると次回にはもう覚えてしまう記憶力です。このように、サロンの皆さん、切磋琢磨してますます進化中。

ここで、香織倶楽部を代表してお三方の新作をご披露します。

まずは野村織枝さんの「振込詐欺顛末記」です。

2

振込詐欺顛末記　野村織枝

二〇一三年五月一七日午後一時、我が家の固定電話が鳴りました。いまどき固定電話を使うなんて、うちの夫ぐらいのもんですが、夫が留守でしたので私がしぶしぶ出ました。どうせ図書館から夫あてに予約の本が届いたとかだろうと出てみると、

「練馬区役所ですが、先年の六月の病院の支払いが多すぎたので、還付請求の書類を送ったんで

すが、返事がきていません」

「えっ？　そんなのきたかなあ」

「送りました。もう期限が切れたんですが、返事のない人があまりに多いので、還付する事にしました。メモして下さい。六ケタです。確認番号四三二一八一、登録番号九九八二二〇。近くにATMがありますか？」

これがいわゆる還付金詐欺の典型パターン導入部とは、後で聞いて知ったのであって、その時は電話の向こうは練馬区職員だと何の疑いもなく思っていました。根っからのケチで無駄遣いは一円でも許さないと、税金さえ値切ってきた私だからこそ、還付金と言われてすっかり信用してしまったのであります。最初のキーワードは「練馬区」「還付金」この二つです。病院にかかってる人は誰でも、お金が少しでも戻ってくるのはありがたいのです。どうせ還付金なんて多くて五百円か千円でしょう。いくら戻ってくるのか聞く気もありませんでした。

私が手のうちに乗っかり始めている感触を確かめながら、詐欺師は「そちらの住所ですが……………」と言葉をにごします。正確な住所を知らなかったのです。それなのに私は自分から住所を教えてしまいます。これを本当の「大馬鹿もん」というのです。私が普段他人に対して思う気持ちです。今は同じ気持ちを詐欺師に味わわせている私でした。「この大馬鹿もんが」。

住所を知った彼は、どうも手元のパソコンでグーグルでも見ながら話しているようで、

「駅の近くにATMがありますね。そこへ行ってください」

そのATMは機械だけの無人の場所です。ウィークデーでしたから、ちょっと歩けば郵便局があって、そこなら、まえに私が息子に送金をしようとした時、局員の女の人が「オレオレ詐欺かもしれないから」と言い張ってなかなか送金させてくれなかった所なのです。詐欺師は当然そんな職員のいる所は大大大っ嫌いです。だから当然無人の方を指定します。

ここで詐欺師の好き嫌いの銀行について一言。郵便局が一番嫌いです。なぜかUFJ銀行が大好きらしいです。私は郵便局でした。その点恵まれていたのですが、恵まれている事にも気づきません。詐欺師の方は少し気落ちしたかもしれませんが、気持ちをふるいたたせて、「私の番号は〇五〇―三一三三―〇五七五。あなたも携帯とメモを忘れない様に」と言いつけました。

私は「郵便通帳」と「カード」と「携帯」を、懸賞で当たったトートバックに入れて、玄関も開けっぱなしで詐欺師の指定場所に急ぎました。自分では練馬区の指図に従っていると思い込んでいます。ATMは混んでいました。詐欺師にはまずく、私にはついていました。やっと順番が来て、詐欺師の教えてくれた電話番号に電話をかけます。画面のどこを押していいか、かいもく見当がつかないからです。

「どこを押しますか?」と私。

詐欺師が力強く答えます。

「『ふりこみ』を押してください」

一瞬たじろぐ私。さっさと練馬区が振り込んでくれるお金を通帳で確かめて家に帰りたいのに「相手からの振込」というような画面が全然見つからないのです。「なんか変」という思いがちょっと頭をもたげました。でも早く済ませたい思いの方が強かったので「振込」を押して、それからは次々と画面通りに押してゆくことになりました。暗証番号を入力する画面が出ました。「あれっ、暗証番号押すの嫌だなあ」と私。

「平気平気、先に進んで」そりゃそっちは平気でしょう。こっちはますます「変」という気持ちが強くなってきました。

ついに、振込金額の画面になりました。私は思わず大声で「そっちが払い込むのになぜこっちの振込金額？」

詐欺師が、ここが勝負どころとばかりに威厳のある声で「四三三………」と金額を読み上げます。それはさっき私が練馬区の職員の質問に答えた通帳の残高に似ています。

ここで、やっと気がつきました。「変！　おかしい！　まさか振り込め詐欺？」と私絶叫。こういう時の声に迫力が出るのは講談のおかげです。講談習ってて本当によかったです。

「ちがいますよ」と携帯からの声。

講談調の凄みを最大限に発揮して「あなた、練馬区の何課？」

後ろに並んでる人が「早くしてよ、何時間待たせるんだ、オレオレ詐欺じゃないの」と不平たらたらに怒鳴る。その不平たらたらのどなり声でハッと我に返ることが出来た私だったのです。後ろの人は早く自分の順番が来ればよかっただけで、私を助ける気持なんか全然なかった。でもその声で私は最後のボタンを「確定」ではなく「取り消し」にすることができたのです。ＵＦＪの画面がどうなっているかは知りませんが、郵便局のＡＴＭの画面は「確定」は右横下。「取り消し」は画面中央上にボタンがあります。私は後ろに次々に並ぶ人たちの手前、早く終わらせないといけないな、と焦り気味になっていました。この状態こそ、まさに詐欺師の望む所なのです。「取り消し」を押して真っ暗になった画面を見て、私は後ろを振り向いて、「すいませんでした。間一髪でやられるところでした。これからすぐに交番に行ってきます」とおじぎして、畳二畳にも満たない小さなＡＴＭを出ました。

交番は一通り聞くとすぐ警察に回してくれ又そこでいろいろ聞かれ、最後に年齢を聞かれたので「六九」と答えると「まだ若いのにねえ」とあきれられました。警察は詐欺師の言った番号が重要な手掛かりになるらしくて、私は二つ情報を提供しましたが、二つ目の番号は全然つまらない情報だったらしくて、入金させる金額が郵便局だと一回十万円しか出来ないので九万円台の数字にするようです。最初の番号は詐欺師の口座番号だったのかもしれません。どちらの番号も、ＡＴＭの前で詐欺師が口にすることはなかったので、私が使う事もありませんでした。

オレオレ詐欺引っ掛かり未遂事件。お粗末の一席。これをもっておわらせていただきます。

ハラハラしながらの一席、講釈師が詐欺師に勝ちました（笑）。ちなみに二〇一三年度の被害総額は四八六億九千万円で過去最高だったそうです（二〇一四年二月六日警察庁発表）。

続きまして、福田さんがだいぶ以前に書いた小説を今日風にアレンジした作品「英霊の大脱走」です。

安倍首相の靖国参拝で「英霊」たちがどれほど傷ついたか……。安倍さん、この講談を聞いて想像してくださいね。今はなきマルセ太郎のくちぐせ「記憶は弱者にあり」が蘇るようです。

福田さんは三年前から袴田巖冤罪事件を講談にして語っています。袴田さん再審決定を受けていろんなところで語ってもらいたいですね。

3 英霊の大脱走

福田織福

先祖の墓のあるお寺から手紙が届いておりまして、てっきり法事の通知かと思いましたが、請求書でございました。お寺経営が厳しいのでしょう、管理費を徴収するようになったのでございます。商売敵が増え、宗派に関係のない霊園や樹木葬、マンションタイプの墓などなど、新手の分譲墓地が出て参りましたから、うかうかしてはおられません。新規のお客様どころか、既にお墓に入った仏様まで、「眺めのよい、超高層の方が、よいわいなぁ」なんて、引越しをせがむぐらいです。幽霊もエレベーターに乗る時代になったわけでございます。坊主丸儲けは昔の話、仏様は神様なのでございます。

まぁ、そんなわけで港区のはずれにありますお寺に管理費を携え、うかがったわけでございます。ちょうど桜の満開の季節でございます。墓参りもしていこうと、墓地に参りますと、御先祖様たちが花見の真っさい中。茶碗酒を飲む源爺さんに、重箱の隅をつつくお米婆さん。かっぽれを踊るエノケンさん、カラオケに乗せジルバやツイストまでダンス、ダンス、ダンス。賑やかなこと、アキバ48並みでございます。

「うちの親父知りません?」と、魚屋のおっちゃんに尋ねますと、出刃包丁をさして「ふてくされて、そこにひっくりかえってら」と不機嫌に申します。確かに、ゴザの端っこで、背を向け寝ております。役所勤めだったからでしょうか、猫背のままでございます。声をかけますと、

「遅いぞ。土産の羊羹、もってきたか。母さんなんか待ちくたびれて、墓穴に戻ってしまったぞ」

「あれ? 日曜は本郷亭じゃなかったっけ」

「えっー、ごちゃごちゃ言わんでよろしい。とにかく早く此処を出よう。何を食っても骨っぽくて、かなわん」

てなことで、久方ぶりに墓から連れ出すこととなりました。

「危ないよ。ほらタクシーに轢かれちゃう。道が狭いんだから」

「わしはゴーストだ。心配いらん。でもな、あのベンツの運転は乱暴すぎる。ちょいとお仕置きをせんとな」

ガリガリッ、ドスンという音に振り返りますと、ベンツが電柱と正面衝突、お釈迦状態でございます。

「こりゃ、やり過ぎた。まいったー」と、運動神経の衰えにがっかりしております。墓場暮しといえど、日々の運動はかかせません。


やっとのことで目黒通りに出てまいりますと、白金台駅はまぢかでございます。

「ところで、どこに行きたいの？　例のビフテキ屋？」

「よく覚えてるじゃないか、こんな分厚い松阪牛をさ」

「コレステロール溜まっても知らないからね。飯田橋だから、地下鉄で行くよ」

「また穴の中か」

「それもそうだ。天気もいいし、バスにしようか？　通りの反対から銀座行きのバスがでてるし、久々の東京見物も兼ねてさ」

私の提案に納得したのも束の間、いきなり大通りを横切っております。

「危ないって。ほら車が来る」

主要な道路ですから、ひっきりなしに車が通ります。幸いにも幽霊なもんで事なきを得ておりますが、中には、

「Son of a bitch, Get out」と、米軍のジープに危うく轢かれそうになります。あの世の車輛も混じっ

ておりますから、うかうかしてはおられません。

「畜生、進駐軍め。日本人を馬鹿にしおって」

「勝手な行動しないでよ。この世で死んだら、あの世に帰れなくなっちゃうよ。それでもいいの？」

と小言を申しましても、

「小うるさい倅がいるこの世なんぞ、真っ平だ」と、憎まれ口を叩いてまいります。


バスに乗りますと、小学生のようにはしゃいでおります。

「おう、伝研じゃないか。レンガ造りが残っとる」

以前は伝染病研究所と呼ばれ、現在は東大の医科学研究所として、白金台町の顔となっております。かつて厚生省の分室があり、父の職場でもありました。

バスは八芳園を右手に見、日吉坂を一気に下りますと都ホテル、正将公さま、白金・高輪駅へと出て参ります。

「凄い変わりようだ。マンションばかりで商店街が無くなっとる」

「再開発さ。活気のない町になっちまった。安っぽい駅名で、魚籃坂《ぎょらんざか》の地名が可哀そうだよ」

父に反応はなく、辛うじて残った質屋・シロガネ屋を苦々しく眺めております。

「質屋の爺じいめ、ケチなうえに強欲な悪党だ」

「仕返しに、地獄に蹴落としたって、自慢してたじゃないの。閻魔にカネ掴ませて」

どちらが悪党なのか分りませんが、

「その先に高松の宮の屋敷があってな、進駐軍が占領し、兵舎にしておった」

そこから出るアメリカ兵の残飯が、戦後食糧難にあえぐ白金・高輪の人らに配られていたと申します。タバコの吸い殻やチェリーの種が混じるも、こってりした肉やバターの味は絶品で、奪い合いだったと申します。

「質屋の爺め。残飯を独り占めにしようと、米兵に賄賂を渡しとった。その中に、わしの質草、ライカも入っとってなぁ、腹が煮えくり返ったぞ。残飯の恨みは、地獄より深いわ」

セレブの代名詞・シロガネーゼも、アメリカ軍にすがり、残飯を喰らっていたわけでございます。

車窓の景色に飽きたのか、麻布十番まで来ますと、私のスマホに興味を示し、

「便利なモノができてるなぁ」とまじまじ眺めております。

「今じゃあの世とも交信できるし、明美っていう人から写メが届いてるよ。親父宛てにさ。ひょっとして小指の人?」

顔を赤らめ、あたふたする父親で御座います。鬼籍に入って三十数余年、この世は様変わり、明日の幸せよりその日の収入に、あくせくする日本になったとは、ついぞ申せませんでした。

「ちょっといいかな?」と、新橋駅で途中下車を致します。烏森神社で柏手を打ち、柳通りへと歩いてまいります。オカマさんストリート。今は新宿二丁目が中心ですが、かつてはここ新橋柳通

りが、ゲイのメッカでございました。

「あったあったクラブ鈴が森。ここだよここ」

一軒のバーに入ってまいりますと、半世紀前とはいえ本場のオカマバー、どぎつい化粧のオカマさんらが、笑顔で迎えております。こんな趣味があったのかと、墓場まで持っていった父の秘密が今、暴かれてまいります。カビ臭い電気ブランを一気飲みしますと、きらめくミラーボールの下、全員が絶世の美女に見えて参ります。

「カウンターの棚を見てみろ、色っぽい子が揃ってるだろ」

本来は洋酒が並んでいる棚でございますが、ずらり人の首が並んでおります。その数四十ほど。

「なっなんで晒し首なの」と言った瞬間、全ての首が、ぎょろりと睨んでまいります。

「なんですって、失礼ね」と首の一つが起き上がり、

「知りもしないで、偉そうな口叩くんじゃないわよ、平和ボケめ。あたしたちはねぇ、もと日本陸軍の朝鮮人兵士。オカマ部隊といわれた、嫌われ者よ。華々しく戦死したのに、靖国神社では塩をまかれ、お寺さんは門前払い。見かねたここのママが、引き取ってくれたって言うわけ。そりゃ、神棚に祀ってもらいたいけど、ここはクラブ・鈴が森でしょ。ところでお兄さん、イケメンじゃないぃ、どう今晩?」と毎日香の香りと共に下半身を触ってまいります。

「親父助けてよ」

「まー、勘弁してやってくれや、明美。倅は今の総理と同じ学校の、純粋でくの坊でな」

安倍の純血お坊ちゃまと同類にされるのは、はなはだ心外でございますが、オカマさんからは解放されてまいります。

「明美って、あの写メの?」

「まー、いいではないか……。皆オカマ三昧、あの世の生活を楽しんでおる」

「親父より?」

「当り前だろ。うちの墓を見てみろ。周りは口うるさい親戚だらけ。これが永遠に続くかと思うと、うんざりだ」

「ほんとだ。うかうか死ねないね。神社もそうなのかね? 氷川神社もさ。あの世の氏子が、口出ししてくるとか?」

「いやいや、さすがに鎮守の神様だ。歴代の氏子を敬ってくれている。神事は欠かさないし、子どもらの声も絶えたことがない。やはり故郷の鎮守様がなによりだ」と、しみじみ語っております。

新橋から銀座通りを歩きますと、目を白黒させております。

「看板の意味が分らんぞ。ドコモ、モバゲー。なんじゃこりゃ。変な銀行だなソフトバンクとは。メモリアルタワー?『豊洲、一〇〇メートルの眺望、東京湾を独り占め』……なるほど、シャンパンが似合う墓場だそうだ」

見るモノ全てが新しく、好きにさせておいたら陽が暮れてしまいます。背中を押すように再びバスに乗りますと、京橋、日本橋、神田へと進み、見えて来たのは古本屋街でございます。

案の定、「ちょっと寄ってもいいかな」と途中下車と相成りました。

「この本は、東大の偉い先生のでな、この一説を読んでみろ」

三十数年間のほこりを払い、目を運びますと、日本の原子力政策が書かれております。確立された原子力三技術、核武装の手順が説明され、国連常任理事五カ国と、日本が原爆の独占を可能にする、と明記されております。福島はじめ、原発の平和活用のおかげで、多くの核アレルギー偏執狂を黙らせてきたが、一層の平和イメージを煽りたて、安全神話を強化し核兵器を量産すべし、との内容で書かれております。

「倅殿。よく分ったか。大東亜戦争後も、軍事は常に平和に優先する、との見方をしておる」

そんな馬鹿な、と言いたいところでございますが、『平和を維持するには、軍事力を増強しなくてはなりません』と、本気顔で言う総理大臣もいるぐらいですから、軍国頭を正常に戻すのは大変なのかもしれません。

「戦争で地獄を見たんだもの、そう思わなかったら惨めだよね。戦死しなかっただけラッキーだけどさ」

「英霊に対し、そうゆう発言は不謹慎だぞ」

背筋を伸ばし、急に兵隊らしき態度になっております。

「なら、一度ぐらいお参りに行ったらどうなの、靖国神社にさ」

「いや、それはまずい。絶対、まずい」

「なんでぇ〜？　捕虜になったから、部下や戦友に会わす顔がないんでしょ。『生きて虜囚の辱めを受けず』だものねぇ〜。でもね、『死んで花実が咲くものか』とも言うんだから、お花見がてら寄っていこうよ。一杯飲みながらさ」

ということで、嫌がる父を無理やりバスに押し込み、九段坂上でおりますと、黒山の人の靖国神社へと入ってまいりました。

早くも父は怯え、酔った英霊らが、「Fuck you! Prisoner」と英語で罵ってまいります。首相の靖国参拝が世界中から批難されておりますから、英霊も国際化に対応しているのかもしれません。

大鳥居を潜りますと、花見客はじめ現世の人は消え失せ、あの世からの参拝客だけとなってまいります。こちらも凄い人出で、吉田茂、岸信介、前倒しで石原慎太郎らが、公安を引き連れ、裏金を賽銭箱に投げ入れております。まずは猪瀬の五千万。

拝殿に向かった父親、手は合わせますが、顔は背けております。英霊に合わす顔が無いのでありましょう。言い訳がましい、独り言を並べております。

突然、「小隊長どの」と拝殿の奥から、兵隊姿の男が突進してまいります。

「お元気でしたか、小隊長殿。山下一等兵であります」

死んで元気なはずもありませんが、そこはそれ、あの世の挨拶でございます。

「お太りになったご様子、なによりでございます」

「君こそ、肌の色がいいじゃないか」なんて、言葉が行きかっております。

「実は、英霊の君らに合わす顔がない。捕虜になって敗戦を迎えた。腹も切らずに、すまん」

「自分が英霊なはずはありません。鉄砲を一発も撃たぬままに病死しております。ジャワ島中部、いまだ遺骨はジャングルの中であります」

右足をヒルに食われ、傷口からウジ虫が湧き、もも、腹へとつづき、最後はウジが充満し息絶えた、と説明しております。栄養失調にマラリアを併発、医薬品などあろう筈もなかった、とのことでございます。

「死んだだけで、英霊だ、軍神だとはやしたてられ、靖国神社に祀られているだけで、気まずくて致し方ありません。毎日が針のムシロの上であります」

英霊とは、爆弾三勇士の戦争画や物語にあるように、激戦のすえ、銃で撃たれ、大砲や爆弾が炸裂し、または銃剣等で華々しく絶命していった兵士を、指すのだと言い。餓死や病気で亡くなった兵士は、英霊と呼ばれるだけで、身の縮む思いをしていると言うことでございます。

「本田中尉。暫くだ」と再び拝殿の奥から声がしてまいりました。

「榊か……懐かしいなぁ。あぁ、いやすまん。捕虜になり、腹も切らんで、生き恥じを晒しておる」

「恥を晒しても、生きていればこその軍人だ。何かの役には立つ。腹を切れば、むしろ迷惑だ。死体に群がるネズミやウジ虫を、知っとるだろ。戦争は、きれい事を並べる漫画や映画とは違う」

「たしかに恐怖の連続だった。ところで、お前の中隊は玉砕したと聞くぞ」

「でっち上げだ。実際は、輸送船で撃沈、戦地到着前に全滅だ。大阪商船の徴用船、戦うことなくして二〇〇名の新兵、全てを失った。遺骨は未だトラック島沖だが、墓は青山墓地にある。どこまで兵隊を馬鹿にすればいいんだろうなぁ、この国は？」

「じゃ、誰の骨だ？　妹さんは、お前を埋葬したと信じてるぞ」

「貴様のように、生き残って、お国のために働きたかった。死んだ兵士の七割八割は餓死か病死だ。弾薬はおろか、食糧補給など無いも同然だった。英雄でもないのに英霊扱いされ、死んで恥をさらしとる。貴様に分るか、俺たち魂の苦しみが？　辛く、辛く、本当に辛い」

拝殿の奥から、「そうだ。その通り。苦しいんだー」、と絶叫が津波のように押し寄せます。

死んでも辱めを受けるというのですから、たまったものではありません。

私の伯父も中国戦線に赴き、戦死したと聞いております。柔道の猛者、甲種合格で入隊しましたが、捕虜を銃剣で刺し殺す訓練に耐えきれず、自殺したと聞いております。それでも戦死扱い、きっと靖国神社の隅で、小さくなっていることでありましょう。二二歳の苦しみでございます。

「小隊長殿は戦後、戦没者を管轄する省庁にお勤めだと聞いております。私の魂を、故郷の鎮守様に移してもらえないでありましょうか。代々八幡神社の氏子、なにとぞ鎮守の森に御戻しくださいませ。……ここにいますと、気が狂いそうであります！」と胸をかきむしっております。精神病になったら悲惨の上塗り、早急に解決しなくてはなりません。

すると拝殿奥から「わたくしもお願いしたい。自分も、わたくしも〜」と、悲痛な叫びが、砂嵐のごとく押し寄せてまいります。その数、一千、一万、十万、百万と膨れ上がってまいります。

しかしながら、父はすでに厚生省を退職し死亡しております。窮状は分っても万事休すでございます。おまけに自衛隊を国防軍にし、若者の貧困・希望喪失をいいことに愛国主義、ナショナリズムを煽っている最中、戦死者の魂を移転させるなど、靖国神社を政治利用する右翼政党が許そうはずもありません。臆病な内閣ですから、クーデターとみなし、軍事攻撃を仕掛けるやもしれません。

とは言うものの、百万を超える魂の叫びを聞いて、知らんふりもできません。

「どうでしょう、故郷の鎮守様に戻るのは後廻しにし、まずは靖国神社から、一時避難するというのは」

「どこへ〜」と怒涛のごとく、質問が投げられます。

手っ取り早いのは、千鳥ヶ淵を一またぎする皇居でございます。されど、靖国問題には批判的な天皇だけに、迷惑はかけられません。肝っ玉の小さい今の政府、天皇家を兵糧攻めにするなど、嫌がらせをするやもしれません。

「そこでです。権力はより大きな権力にひれ伏す、と申します。要するにアメリカの権力を使わせてもらうのです。いかがでしょう?」

「なにを言う。鬼畜米英、敵国ではないか」と、脳天を爆発させ、みな凄い怒りようでございます。

「敗戦以来こんにちまで、実質アメリカの支配が続いているようなものではありませんか。ニッポンの内閣が従属するご主人様も同じ。靖国神社も、従うでありましょう」

《そうお思いになりませんか。みなさん？…………》

「不本意だが、急を要するだけに、わしは倅の意見に賛成する」

「なら自分も」と次々と手が上がり、満場一致と相なってまいりました。

「君が指揮をとれ。倅殿」

「なにをおっしゃるんです。みな父さんにお願いしてるんです。捕虜になったとはいえ、もとは士官ではありませんか」

「だがなぁ、倅殿。靖国神社は神々がお造りなった神社ではない。富国強兵の立役者が作った人為的なものだ。戦争と政治に利用され、その時の権力者の利益につなげられている。これでは死者は休まるまい。魂の叫びに応えるのであれば、その時を生きる利害なき者が、鎮魂の手助けをしなくてはなるまい。それが倅殿、今を生きる君の役目だ」

♪「やだねったら、やだね〜、」♪と言いいたい所でございますが、該当者といえば私くしだけ、百万を超す御霊が固唾をのんで、返事を待っております。

《No,no,no》なんて、間違っても言えません。

ということで、脱走ボランティアの代表として、お引き受けした次第でございます。

マッカーサー元帥、ペリー提督、ジョン万次郎、ベーブルース、かたや蝶々夫人の果てまで、日米外交・親善に尽力された方たちにご協力を頂き、大脱走の一時避難所として、アメリカ大使館の使用許可を、とりつけた次第でございます。

こうなれば話は早く、決行日は赤穂義士の討ち入りの日とし、夜明け前に全員避難を完了する、という作戦が練られてまいりました。

「足元が悪い場合もあります。各自準備してください」

「わしらに、足はあらへんわ」

「は～……そうでした」

「死刑になっとるA級戦犯も、クニさ帰りてぇ、と言っとるが、どないすんべぇ」

「見せしめに処刑され、政治利用で閉じ込められているんです。一緒に脱走しましょう」

そして……、時は十二月十四日。神社太鼓の音も高らかに、百万を超える魂は、靖国神社から、いざ、虎ノ門へと突進していったのでございます。

《虚と見ては実と変わり、実と見せては虚と変わる。誠変化の早業は、水に映れる月影の、波のうねうねうねに似たり～。》

十万柱を一団とした脱走集団は、一路内堀通りを疾走いたします。途中、英国大使館でエールを受け、最高裁に来ますと中指を立て、全員でブーイング。桜田門では警視庁音楽隊が、三波春夫が歌う『俵星玄蕃』の演奏でお出迎え。

晴海通りへと入りますと、銀座四丁目の交差点を右折、花の銀座通りを五、六、七、八丁目と進みます。まぢかに新橋ステーション。JRのガードを潜りますと、霞が関ビルが見えて参ります。

いよいよ虎の門のアメリカ大使館。

「開門、開門。われわれは、先の大戦における日本軍戦死者ども、永遠の魂の安寧を望みたく、米国大統領閣下並びに、大使館の御助成を願いたく、参上つかまつった次第。ご開門のほど、願わしゅう存じ奉り候」

こうして苦心惨澹のすえ、大脱走作戦は完了。その数ヶ月後、百万を超える魂は故郷の鎮守の森へと、帰って行ったということでございます。

以上、講談・英霊の脱走、これをもって読み終わりといたします。

さあ、次は甲斐織淳さんの「田中正造伝」より「谷中村の幽霊が語る田中正造の講談説法の巻」の一席です。

4

谷中村の幽霊が語る田中正造の講談説法の巻　甲斐織淳

皆さんこんにちは、わたくしが、知る人ぞ知る、知らない人は誰も知らないという谷中村の幽霊です。

私は、百年ほど前にこの世を去ったのですが、いまだに成仏することができず、あの世とこの世の間をさまよっております。

生まれも、育ちも栃木県は谷中村ですので、誰言うとなく、「谷中村の幽霊」と呼ばれています。幽霊とお化けは違いますヨ。幽霊になれるのは美男、美女。それ以外の方は「オバケ」と、昔から決まっております。今日お越しの皆様方は………やめておきましょう。

谷中村と言っても、今の地図では載っておりません。谷中村は渡良瀬川の下流、利根川と合流するところにあった村です。広さは、東京ドーム七〇〇個に相当するかなりの広さのむらで、戸数は四五〇戸、人口は三千人ほどでした。あの時代の三千人というのは大変に大きな村でした。

経済的にも、大変に豊かな村で、肥沃な土地で農産物を豊富に収穫し、川ではたくさんの魚が取れました。隣の古河町は昔から大きな消費地で、野菜を売り、魚を売ってかなりの現金収入もありました。さらに、養蚕（おかいこさんとよんでおりました）が、これも盛んで、実に豊かな村で、四〇〇年にもわたって栄えた村でした。

徳川幕府ですら二百数十年しかありません。四百年もの繁栄というのは大変なことです。

その私の故郷も、一九〇七年、足尾銅山鉱毒事件の時に、「毒物沈殿池」とするために、土地収用法の強制執行によって、村人は叩き出され、建物はことごとく打ち壊され、毒水を流し込まれて、村は滅ぼされてしまいました。

この「毒物沈殿池」、今流に言うと「核廃棄物処理場」というところでしょうか。谷中村は滅亡させられる前から、足尾精錬所の鉱毒によって、川水が汚染され、魚が死に絶え、川の水を引いている田地田畑も鉱毒に汚染され、イネには米の一粒も実らず、他の農産物も、枯れ果ててしまいました。

さて、被害がそこまで本格化する前、そのきざしが、少しずつ現れ始めたころです。

そのころ、足しげく村を訪れ、村に寝泊まりしながら、村人たちの話を聞き、それをもとに国会で政府を追及してくれたのが、国会議員の田中正造さんでした。

「魚が白い腹を上にして流れて行ったと聞いたけど、本当かい?」

「本当です。」

「そこに案内してくれないか」

「あの村の人にも話を聞きたいが、紹介してくれまいか」

「お安いご用です、さあどうぞ」

私は、何度も正造さんと会って、話をしたり、あちこちと案内をしているうちに、その誠実で真剣な姿にひかれていきました。

やがて、雑用のお手伝い、使い走り、身の回りの世話、旅のお供の荷物持ちなどをするようになりました。

さて、田中正造さんがどのような方だったか、どのように足尾鉱毒事件と闘ったのか、私のこの目で見、この耳で聞いたことをお話しいたしましょう。


正造さんは、現在の栃木県、佐野市のお生まれです。亡くなったのは一九一三年九月四日、二〇一三年が没後一〇〇年となります。

さて、佐野市と言えば、「鉢の木」で有名な佐野源左エ門常世の墓がございます。

佐野という所は、源佐エ門常世が、鎌倉よりの、非常招集の陣触れをうけ、「いざ鎌倉」と、名馬「大浪」にまたがり駆けつけた、その出発点になった土地とされています。

正造さんは講談が大好きで、よく聴きに行き、自分でも語っておりました。

道を歩きながらでも鼻歌代わり「さても源左衛門」と、いつも講談を口ずさみ、風呂の中でも気持ちよさそうに「さても源左衛門」と、やってました。特に「鉢の木」です。「いざ鎌倉、佐野源左エ門の駆けつけ」は、故郷佐野のヒーローの話ですから、おはこ中のおはこでして、しょっちゅう、やってましたから、私もいつの間にか、少しずつ覚えてしまいました。

ある日のこと、田舎道を一緒にあるいておりますと、いつものように正造さんが、

「さても源佐ェ門」とはじまりましたから、私は斜め一歩さがったいつもの位置で、聞こえないように小さな声で、

「その日の、いでたち　いかにとみてあればア」

とつぶやくと、正造さんに気づかれてしまいまして、

「オヤ、君もすっかり覚えてしまったようだなあ」

「じゃあ、こうしよう、わしが読むから、君は叩いてくれ」

「たたくって、肩をたたくのですか？」

「アハハ、面白いことを言うなあ。肩ではない。張り扇だよ」

「張り扇など持っていませんが」

「口だよ、口、ほら口三味線というのがあるだろ、チントンシャン、ツル、トッテンシャンとかいう。あれと同じで口でやるんだ」

「どんなぐあいに？」

「そうだな、パンとひとつ、パンパンと二つ、パーンパンパンと三つ、まあ、これらを組み合わせればいいんだ、いいか、いくぞ、まず三つ叩いてくれ」

「三つですか、では、パーンパンパン（力なく）」

「うーん、元気がないな、いいか、へその下の丹田に力を入れて、リズムに乗せて、声を遠くに向けて、力強く」

「はい、わかりました、それでは、パーンパンパン！」

「いいぞ、その調子だ、続けるぞ、さても源佐エ門その日のいでたちいかにとみてあれば、それ！」

「パーンパンパン！」

「イヤイヤ、そこはひとつパンだよ、ひとつパン、もう一回行くぞ。

その日のいでたちいかにとみてあれば、それ！」

「そこはひとつパン！」

「よけいなことはいわなくてもいい、面白い男だな、ただのパンだけでいいのだよ、ワアハハ」

こんなあんばいで、「近くて遠いは田舎の道」といいますが、聴いているのはカエルだけ、二人で大笑いしながら田舎道を歩くはとても楽しく、あっと言う間に目的地についてしまうのです。

そのとき、私は、正造さんが私と遊んでくれているものとばかり思っておりました。

しかし、正造さんにとっては、講談がただの遊びではないのだ、ということがわかったのは、それからまもなく、東京での演説会に、初めてお供した時のことです。

その日、東京で行われた演説会場は、数百人も入るという大きな会場でした。演壇の正面に「田中正造翁大演説会」「足尾鉱毒事件の真相を語る」という大きなたれ幕が掛けられておりました。

もちろんマイクなどありません。あの頃の弁士と言うのは、よく声が通るのです。そういう鍛錬をしていました。

わたしは、舞台のそでから見ていたのですが、「そこの席は空いてませんか？」と立ち見もでようかという様子。会場内ざわざわと騒がしいありさまでした。普通なら、ここでまず、司会者が立って挨拶をし、客席を静め、正造さんを紹介して、正造さんが演壇に立つところです。

ところが、正造さん、司会者に何やら耳打ちし、司会者もうなずいております。

すると正造さん、突然演壇に向かって歩きだしました。おや、どうしたのかなとみておりますと、会場の人々の前のほうの一部は気がついたようですが、後ろのほうでは、まだ隣の人とおしゃべりしている人も大勢います。

正造さん、いきなり「まずは、佐野源左エ門の駆けつけを聴いていただきます」と一礼し、あの熊の手のような大きな手で思いっきり演台を「パーンパンパン」と叩くと、

「さても源佐エ門………」と始めたのです。

わたくしはどうなることかと、かたずを飲んで見ておりました。

「何か始まったなと」多くの方々が演壇に注意をむけはじめました。でもまだすこしざわつきがのこっていました、しかし、

「先祖伝来の銘兜なりー、パーンパンパン！」

と三つ打つところで、会場は完全に静かになり、注意力が正造さんに集中していました。ここまでわずか三十秒です。あのざわめきをわずか三十秒で静めて、自分の世界に引き込んでいる。

その時、私は気付いたのです。私はあまりに正造さんに近すぎて、その大きさが分からなかったのだと。これは、まさに名人芸ではないかと、本当にびっくりしてしまいました。

わずか三十秒で、ざわめきを静め、引きつけていく、ちょうど今のような感じです。

娯楽の少なかった当時の人々は、みんな講談が大好きです。聴衆は正造さんの見事な語り口に、うっとりと酔うように聴き入っています。講談の名演を聞いていると「酔う」ということがあります。肝臓に負担もかかりません。安上がりです。

そして、「これにて読み終わりといたします」

と頭を下げた時、場内割れんばかりの拍手でみちあふれました。

「さても源佐ヱ門」から始まって、わずか五分です。五分後には完全に人々の心をつかんでしまったのです。

そのとき私は気がついたのです、田舎道で私と掛け合いで「駆けつけ」を読んで遊んでくれていたあの時も、正造さんはこうした場面に備えて、練習と鍛錬をしていたのではないかと。

さて、正造さん、頭をあげても拍手はなりやみません。

ニッコリと笑いながら右手を挙げて、拍手を静めていきます。

「ありがとうございます。ただいまのは御馴染の源佐ヱ門の駆けつけでした」

そして本題に入って行きます。

「実は、今語りました、駆けつけの中に、足尾鉱毒事件の汚染ルートが語られています」

さあ、聴いている人はびっくりします。一瞬ざわめきます。

「あの講談は、演説会の話の始まり前の、サービスかと思っていたら、もう、足尾鉱毒事件の話が始まっていたのか。どこに汚染ルートが語られたのだろう、どこだろう?」

と身を乗り出してきます。

私は、またびっくりしました。確かに聴いたことはある、言葉では知っていました。

「語り芸修行の第一番、耳を集めろ」

耳と言っても、食パンの耳ではありません、聴衆の耳を集めろ、聴く人々の注意力、関心をあつめろ、ということです、「何だろう?」と身を乗り出している、今まさに目の前がそういう状態です。

「源佐ェ門は濁流渦巻く利根川を渡って対岸の栗橋に上陸します、その利根川を渡った地点に重要な問題があります」

と続いていくのですが、説明の都合上その部分だけに限って再現してみましょう。

「急ぐに急ぐ利根川や　坂東太郎と名も高き　八十八川の落ち合う所を一時にざんぶと押し渡る
日光山の雪溶けて降り続きたる春雨に　水かさ増さりし水勢は　天に轟き地に響き
瀬枕たったる激流をものともせざる常世の馬術………」

さて、この部分の中に、まず第一に、常世が渡った川が、今問題の、渡良瀬川の下流の利根川だということがわかります。

二つ目に、「坂東太郎と名も高き」とはどういう意味か?　これは必ずしもほめ言葉ではありません、度々洪水を起こして人々を苦しめた暴れ者という意味もあります。

三つ目に、「八十八川の落ち合うところ」とはどこか。足尾山地、日光山系から流れ出した何本もの川が利根川と合流する地点があります。渡良瀬川、旗川、秋山川、菊川、才川などです。

その川の中でも、もっとも大きな川で、問題なのが渡良瀬川です
日光山の雪解け水は渡良瀬川をはじめとする幾筋もの川に分かれてくだり、そして同じ所で利根川と合流するために、この地点は激流となりやすく、洪水をひきおこすことも度々あった、ということです、しかも、「春雨が降り続いていた」という条件が重なっています。

四つ目に「水かさ増さりし水勢は、天に轟き地に響き」という表現も講談らしい誇張だと言えばそのとおりかもしれませんが、しかし、誇張も根も葉もないところでは成立しません。それらしい事実があり、その事実を強調するために誇張法を利用するだけです。

さて、そこで毒物の汚染ルートがわかります。

正造さんは、「駆けつけ」から始めて汚染ルートの解説へと展開していきます。


この先はわたくしの語りとして、先生の話の内容を要約して続けます。

汚染源である足尾精錬所は、現在の地名で栃木県日光市足尾町となっております。日光山の一角に、現在も建物は残っております。煙突だけになりましたけど。そしてその精錬所のふもとに流れているのが渡良瀬川です。

渡良瀬川の川底には、精錬所から発生した大量のズリ、カラミとよばれる鉱物の燃えかすがたまり、ドロドロとした赤い水、黒い水が垂れ流されています。川は大量の毒物を運び、渡良瀬川沿岸

の田地田畑を汚染しながら流れ、同じ地点で他の川と利根川に合流し、利根川を汚染していきます。

そしてこの地点は、源佐エ門の時代から、洪水のおきやすいところであったということです。

ただ、源佐エ門の時代と、足尾鉱毒事件の時代とでは決定的に大きな違いがあります。それは、源佐エ門の時代は、山には森があり、木があったということです。

森は天然のダムと申します。雨が降れば水を蓄え、森の生き物たちをやさしくはぐくみ、あるいは地下水として、あるいは小さな小川のせせらぎとして、少しずつ水を流し、下流の生き物、そして人間にも恵みをもたらします。

ところが一方、足尾鉱毒の時代は山に森がありません。木もありません、これは決定的な違いです。足尾銅山の精錬所の大煙突からは、もくもくと亜硫酸ガスの黒い煙が吹き出し、近くの山々の木々はみな枯れ果ててしまいました。煙の届かないところで、無事に残っていた木々は、精錬所の燃料とするためにことごとく切り払われ、山は全くのはげ山となってしまいました。

こうしてはげ山となった山々は水を保つことができません。大雨が降ると、激流となって、時には土石流となって、川に流れ込み、川は氾濫を起こし、下流域ではさらに大きな洪水を引き起こして行きました。

先ほどから申し上げているように、佐野源左エ門の時代からの洪水の名所です。土石流は川底にたまっていた重い鉱物の燃えカスも巻き上げて下流を汚染していきます。はげ山は、昔とは比べ物にならないほどの大洪水を幾度も引き起こしていきます。

そして、洪水の水が引いたその後、田地田畑に残されるのは、毒物を大量に含んだ分厚い泥であります。

当時から、除染という言葉がありました。表面の泥を二十から三十センチ、すきや鍬で取り除き、空き地に積み上げました。これを「毒塚」と呼んでいました。

しかし、雨が降るとまた流れ込んで来ます。

そこで、谷に毒入りの泥を投げ捨て、谷の出口をふさぎます。これを「毒物堆積場」と呼んでおりましたが、隙間から泥は流れ出し、地面からも赤い水が噴き出してきました。それでも政府は、安全宣言を出します。

終わってもないのに、「終息宣言」。安全ではないのに「安全宣言」。

どこかでも聴いたような気がしますねぇ。

そして、一〇〇年の後、二〇一一年の三・一一の地震で、「源五郎沢の毒物堆積場」は決壊しました。百年前に封印していたはずの毒物が渡良瀬川に流れ込みました。

これを報道したのは、地元の「下野新聞」と「東京新聞」だけでした。

一旦、環境に現れた毒物は、始末に負えないのです。百年後にもまた出てくるのです。

毒まみれの田地田畑から、表面の泥を取り除いたからと言って、土は元には戻りません。まるで「砂漠」のようになり、作物は育ちません。

あれだけの豊かな村が、今日明日自分たちが食べるものさえ作れないのです。飢えても食べるものはなく、買う金もない。病に苦しんでも、薬も買えない。

さて、ここまでは足尾鉱毒の汚染の実態の説明です。

正造さんの講談説法、ここから一転して、農民たちの反撃の闘いへと展開していきます。

足尾鉱毒の犠牲になった農民、漁民をはじめ多くの人々は、政府に責任を求めて、何度も「押し出し」というものを実行しました。「押し出し」というのは、今でいうデモ行進と、国会への請願、政府への陳情活動のことですが、あの実態は「押し出し」という言葉がぴったりだと思います。

栃木、群馬などの各地から、東京を目指して二千人、三千人、最大時で五千人といわれています。

こうして、群馬県の館林の雲龍寺に結集した男たちが、握り飯を腰に下げ、米を持ち、わらじを腰に下げ、徒歩で押し出していったのです。

田中正造さんは、徹底した非暴力主義者です。日露の戦争に反対したばかりか、軍隊そのものさえ否定していました。ですから農民の行動にも一切の武器やそれに類するものを禁止していました。

農民たちが持っていたのは、幟旗とおにぎりと米と、水をいれた竹筒だけでした。

あれは、一九〇〇年二月のことでした。第四回目の押し出しです。

鉱毒被害に苦しむ農民たち二千五百人が、押し出しの途中、群馬県の川俣村で、警官隊と憲兵隊に待ち伏せされ、激しく暴行されました。

リーダー格の人を中心に大勢の農民が逮捕され投獄されました。国民を守るためにあると思っていた軍隊は、警官隊による暴行現場の周囲を取り囲み、その銃口を農民たちに向けたのです。これが川俣事件です。

正造さんと私は、東京で彼らの到着を待ち、それに合わせて、正造さんが国会で政府追及の演説をするという予定でした。

そこへこの事件の連絡です。ただちに、逮捕者とその家族への救援活動の取り組みを始めます。

そして、正造さんは、政府の暴挙を国会で追及します。しかし政府は知らん顔です。

一方で弁護士の助けを求めると、無報酬、手弁当という前提で、我も我もと、たちまち七十人もの大型弁護団が結成されました。これが、日本で初めての大型弁護団でしょう。

この、日本初の大型弁護団、のちに大活躍し、大きな成果を勝ちとります。これは次回もうしあげます。

一方、逮捕された人々は「凶徒集聚罪」という罪にとわれました。「きょうと」の「きょう」は凶悪犯の「凶」です。そして日の当らぬ、じめじめした所に、ぎゅうぎゅうの、寿司詰めにして、長期間勾留されました。これは明らかに拷問でした。

二月の前橋の収監所です、寒いなんてものではありません。ひごろお天道様の下で、畑を耕し、魚をとったりしている人々を、このように押し込めるというのは拷問以外のなにものでもありません。

精神的に追い詰められた人も少なくなかったのです。

正造さんは、感情をいれずに、ただ事実を、たんたんと話を進めていきます。この、淡々とした語り口が、聴く人の心に深く、訴えるのでしょうか。

話がこの辺に来ると、ハンカチで目頭をおさえるのは、女性たちだけではありません。

さて、しんみりとしたところで、正造さん、一転して次の反撃を語り始めます。

男たちが捕らえられると、今度は女たちが立ち上がりました。「女押し出し」と言われております。

これも、警官隊の待ち伏せに遭うのですが、女たちから浴びせられる罵詈雑言に、警官たちも戦意を喪失し、何の手出しもできずに、ただのろのろと女たちの後ろに続きました。

この時の政府側の対応は近衛篤麿でした。

「おねげえしやんす、おねげえしやんす」

陳情要請行動を成功させて無事に引き上げました。

陳情したからといってすぐに何かが変わるわけではありません。しかし、彼女たちは、夫や息子たちが果たせなかったことを、やりとおしたのです。所期の行動目標を、見事達成したのです。

話がこの辺に来ると拍手がわいてきます。

さて、女たちはいかなる「罵詈雑言」をはいたのか、その時に参加していたご婦人たちに何度も教えてくれと頼んだのですが、ご婦人たち、顔を見合わせるとゲラゲラと笑い転げるばかりで、真相はわかりません。

現代史の謎であります。どなたか真相を突きとめてください。

さて、この話の場面になると、正造さん、わざと大げさな歌舞伎調の身振りと口ぶりで、

「さて、世に恐ろしきは『女の力』、まことに恐れ入ったる事にて、ござりまする」

と見得を切ってみせます。

この場面では、女性たちは大喜びで猛烈な拍手、男性たちは笑って拍手です。

こうして、泣かせ、笑わせ、訴え、お願いする、こうした正造さんの演説会は、大変な好評で、東京、神奈川、千葉など、あっちからも、こっちからも、来てくれ、来てくれと、引っ張りだこでした。

さて、この精力的な演説会活動は、学生や若い労働者の心をつかみ、新たな大衆運動へと発展していきました。これまでのような、被害農民だけの闘いから、都市の労働者学生たちの運動が合流しはじめました。

学生たちが足尾鉱毒調査団をいくつも立ち上げ、現地を歩き、農民に話を聞き、それをもとに、各地で報告会を開いていく。世論は盛り上がっていきます。国会にも影響を与えていきます。

この世論の盛り上がりを背景に、正造さんの政府への追及は、ますます鋭くなっていきます。

「あなたがたのまゆ毛の下で光っているのは何だ？　銀紙か、この現実が目に入らぬのか、足尾鉱毒事件を調査せよ！」

と鋭く迫って行きます。

当時の政府の大方針は、「富国強兵」「殖産興業」です。戦争第一、戦争のために資本家と結託し癒着していました。

銅の大量生産は国策です。権力と古河鉱業が結託した国策事業です。犠牲者や被害者のことなど、眼中にありません。

したがって政府の答弁はいつも「鉱毒事件などは存在しない、存在しないものを調査できない」というものでした。

しかし、世論の高まりと、するどい追及に、「このまま、いつもの答弁で、切り抜けるのは難しい」という判断をします。

そして政府は、ついに「その件については、東京帝国大学に調査を依頼する」という答弁に変わりました。これは大きな変化でした。

こうして、東京帝国大学に調査委員会が設置されました。

さて、みなさん、この「調査委員会」、とか「なんとか審議会」とかいうものは、昔も今もくせものですね。権力者の都合のよい「委員会」「審議会」ばかりです。

原発関係でもいくつもの委員会があります。その人選が問題です。

人選には「表基準」と「裏基準」の二つがあるそうです。

裏基準というのは簡単で「委員会のメンバーから、原発反対派を完全に排除するのは露骨過ぎてまずい。しかし、三分の一以上を決して上回ってはならない」というものだそうです。

「結論は、あらかじめ決まっているのと同じだ。めんどうなら、両論併記にすれば、政治家、官僚にとっては好都合」ということだそうです。

さて東京帝国大学、の場合はどうだったのか？

第一回目の委員会では「問題は銅山の銅から始まっているのだから、調査は、銅に限定してはドウでしょうか？」という提案が出されます。

居並ぶ博士たち、「同感、ドウカン」とうなずきます。

その中に、唯一人、「私は同感できません」と異論をとなえる学者がいました。医学部の林春雄助教授です。

「足尾銅山の銅鉱石は硫化銅であり、鉛、亜鉛、マンガン、ヒ素、カドニウムなどを含んでいる。従って複合汚染として調査を進めるべきだ」と発言しました。

世の中には、正しいことを言う人もいるのですね。

しかし、この林助教授、ただちにドイツ留学を命じられました。林助教授のいなくなった委員会、政府に報告書を提出しました。問題を複合汚染としてではなく、「銅」だけに限定しました。

その結論は「銅に関しては被害は見当たらない。むしろ、少しの銅は体によい」というものでした。

人をばかにするとは、このことです。

こうして、鉱毒事件は洪水、治水対策として、すりかえられていきます。鉱毒被害民は見捨てられてしまいます。

正造さん「詐欺的行為」と怒り心頭に発します。正造さんの言葉です。

「日本の文明、知あり徳なしにくるしむなり。悔い改めざれば滅びん」（二回）

ある方がこういっていました、「日本は第二次世界大戦で、必ず勝つとだまされて一度滅び、そして、原発は安全だとだまされて、福島原発事故で二度目に滅びました」と。

これは、食パンじゃない、えーっと、「クロワッサン・プレミアム」にでておりました。

さらに正造さんの言葉、

「電気開けてこの世、闇夜となれり」（二回）

これはすごいですねェ、強烈な文明批判ですね。

すでに、銅をとりだすために、足尾鉱毒事件は、これほど広範で悲惨な犠牲者を生みだしてきました。電気が点《つ》いても、鉱毒の被害者にとっては、この世は闇夜です。

さらに、この言葉について、

「正造さんは、原子力の『ゲ』の字もない時代に、福島原発事故を予見していたのではないか」とおっしゃる方もいらっしゃいます。

この誤った文明の行く先には、必ず、悲惨な結果がもたらされるだろう。

人間と自然との関わり方について、考え直すヒントがあるような気がいたします。

さて、もう時間がありません。次回の予告ですが、田中正造さん、国会にも政府にも絶望し、ついに国会議員を辞任、天皇に直訴する決心を固めます。この「直訴決行」が、新たな、そして予期せぬ大きな波紋を巻き起こしていきます。

幸徳秋水、石川啄木など新たな人物が登場いたしますが………これはまた、次回のお楽しみと

させていただきます

今回は谷中村の幽霊が語る田中正造の講談説法の巻、これにて読み終わりといたします。

いかがでしたか？

こんなに面白く歴史を学べる、学校教育の現場でも見習ってもらいたいですね。

いよいよトリです。講談ワークショップも八年目、劇団「うりんこ」を代表して、新美豊さん登場です。

5 SKE48握手会討ち入り　文化祭バージョン　新美豊

いまや国民的アイドルグループとして知られております、AKB48。その姉妹グループとして名古屋は栄に誕生致しましたのが、SKE48でございます。

もともと名古屋は「アイドル不毛の地」と言われておりまして、アイドル文化の根付きにくい土地とされておりました。しかし、そのイメージを見事払拭し、いまやAKB48に並ぶ人気アイドルグループに成長致しましたのが、我らがSKE48なのでございます。

本日皆様にお話致しますのは、そんなＳＫＥ48に心を奪われた、ある男の物語。それではＳＫＥ48握手会討ち入りの一席。最後までごゆっくりとお楽しみください。

平成二十三年八月、ある夏の夜明け。モリコロパークに続々と集いし男ども。いずれも期待に満ちた表情で長い行列に並んでおります。このものども、アイドルグループＳＫＥ48の握手会に駆け付けた、ＳＫＥヲタ。ヲタと申しますのは、「ヲタク」の略でございまして、まぁ、この場合、「ファン」と同じ意味でございます。つまりＳＫＥファンの事を「ＳＫＥヲタ」、うりんこのファンならば「うりんこヲタ」と、いうわけでございます。

その年齢層はと申しますと、十代から二十代の若者が大半を占めておりますが、三十代、四十代、五十代の姿もちらほらと見えます。

その中にひとり、初めての握手会に目を輝かせております青年、名を新美豊。歳三十にして、初めて訪れたアイドルの握手会。キョロキョロと落ち着きなく辺りを見回しております。

「ううむ、握手会には早朝から並ぶべしと聞いて来てみたが、まさかこれ程の人数が並んでおるとは。」

遥か彼方、列の最後尾を眺めますと、まるで雲か霞をみるよう、大変な人数でございます。

再び辺りを見やれば、どう見ても若い学生たち。皆友だち同士連れ立って参加しているのか、楽しげに談笑しております。

「やれやれ。アイドルオタクというのは、皆太っていて汚らしいリュックを背負い、グッズの入った紙袋を提げているおじさんばかりかと思っていたが、いざ来てみれば、お洒落な若者ばかり。まるで大学のキャンパスではないか」

すると、すぐ隣から

「もし」と若い男の声が致します。

「もし。拙者、馬屋原亮介と申す旅の者でござる。遠く広島より参上仕りましたが、ひとりの供もなく、途方に暮れておりました。宜しければご一緒致しませぬか？」

「おお、左様でござりまするか。いや、実は某も初めて訪れた握手会。ひとり途方に暮れていたのでござる。ぜひともお供願いたい」

この馬屋原と名乗る男、さわやか系のお洒落なイケメン。聞けば岡山に生まれ、大学に通うために広島で一人暮らしをしているという十九歳の少年。夏休みを利用してはるばるここ名古屋まで単身乗り込んで来たという、なかなかのつわもの。移動には高速バスを使い、藤が丘のネットカフェを宿代わりにしているとか。

「SKE全国轟く人気かな」

これは、SKEの人気が、日本全国へと広がっている事を実感した新美の口ずさみ。

「ところで新美殿、推しメンはどの娘でいらっしゃいますかな？」

「拙者、松井珠理奈推しでござる。して、馬屋原どのは？」

「松井玲奈ちゃん推しでござる。いやはや、二人合わせてダブル松井推しでございますなぁ」

「左様、左様。はっはっは」


松井珠理奈と松井玲奈と申しますのは、ＳＫＥの中でも一、二を争う人気でございまして、二人合わせて「ダブル松井」と呼ばれております。ちなみに、姉妹ではございません。


さて、二人で列に並ぶ事約三時間。ようやく会場への誘導がはじまりました。

会場の入り口で握手券と整理券を交換し、そこに記載された各ブロックへ移動致します。

そのブロックが、ミニライブの客席となるのでございます。

「に、新美殿！　拙者一番前のＡブロックでござる！」

「おお、なんと羨ましい。拙者は………Ｃブロック。ううむ、なんとも微妙な………」

「それは残念。では、後ほど」

言葉とは裏腹に、ニコニコ顔の馬屋原。なんと正直な御仁かと思いながら、新美もまた、Ｃブロックへと移動致します。とはいえ、すぐにミニライブがはじまる訳ではございません。ここからまた二時間ほど空き時間となります。

ケータイでSKEメンバーのブログをチェックしたり、DSをやったりして時間を潰し、ようやくライブ開始の時間となりました。


大音量の音楽が流れ、ワッと歓声が上がります。

場内の盛り上がりは最高潮。口々にメンバーの名前を叫ぶヲタどもの声、万雷に似ていと物凄し。何千ものヲタどもが振り回す「サイリウム」と申すペンライトの様、数千本の剣を植えし如く。曲の合間には、「超絶かわいい、玲奈――!!」などと、怒号にも似た合いの手が響きます。身の丈五尺三寸ほどの低い身長の新美、ほとんどステージが見えず必死で隙間を縫うようにして、ぴょんぴょんぴょんぴょんと飛び跳ねる様は、さながら炎の中の兎のよう、ステージ上の珠理奈に視線を送り、見よう見まねで慣れない合いの手を入れます。

しかしそんな声も、暴徒と化したヲタどもの狂った様な歓声にかき消されてしまうのでございます。


三十分ほどのミニライブが終わり、会場ではいよいよ握手会の準備がはじまりました。

再び合流した新美と馬屋原。げっそりとした表情の新美とは反対に、馬屋原はほくほく顔です。

「いやぁ、近くで見る玲奈ちゃんはテレビで見るより数百倍可憐であった。拙者、ライブ中何度か玲奈ちゃんと目が合ったような気が……なんちゃって！　はっはっは！」

「左様でござるか。さ、今のうちに昼飯に致そう。戦はこれからが本番ですぞ」

「うむ、そうですな。腹が減っては戦ができぬ」

各々、あらかじめコンビニで購入しておいたおにぎりやパンで空腹を満たします。

「ときに新美殿、今回握手券は何枚ご用意されておりますか？　ちなみに拙者は二枚でござる」

「拙者、CDは一枚しか買わぬと決めておる。故に、一枚」

「うむ、潔し！　さ、新美殿。握手会の準備ができたようでござる。握手できるのは、先ほどのブロックわけの順番。Aブロックからなので、拙者そろそろ行って参る」

「うむ、では後ほど」

再び馬屋原と別れ、はっと立ち止まる新美。

「むむ、拙者、珠理奈に何と声をかければ良いのだ？」

握手券一枚でメンバーと握手できる時間は、約五～七秒と言われております。

その短い時間の中で、どんな言葉をどう伝えるのか？　実はそれこそが握手会の醍醐味であり、初心者にとっては最大の難関なのでございます。

「初対面だから、とりあえずはじめまして、か？　いやその後もう一言ぐらい…………」

などとぶつぶつ言いながら、松井珠理奈のレーンへとやって参りました。

握手会の会場は、メンバーごとにテントで仕切られております。テントの中には、長机がひとつありまして、その長机越しにメンバーと握手するのでございますが、ヲタの背後には「剥がし」と呼ばれるストップウォッチを持った係員が控えておりまして、この「剥がし」が時間を計り、握手の終わりを告げるのでございます。時間が過ぎたにも拘わらず、しつこく居続けようとする者は、腕ずくで退場させる。故に、「剥がし」と呼ばれるようになったようでございます。少しでも長く推しメンと握手をしていたいヲタにとっては、まさに宿敵。魂を刈り取る死神に等しい、恐ろしい存在でございます。握手会とは、この「剥がし」との戦とも言えるかもしれません。

さて、物凄い行列の珠理奈レーンでございますが、ひとりひとりの時間が短いため、どんどんテントの中へと吸い込まれて行きます。考えのまとまらぬ新美は焦りに焦り、顔は緊張で引きつって参ります。深呼吸して落ち着きを取り戻そうとする間に、とうとうテントの前へと到着致しました。高鳴る鼓動、噴出す汗。入り口の前で係員に両手を見せセキュリティーチェックも終わったところで、ついにテントの中へ。

中へ入りますと、あれほど憧れ続けた松井珠理奈の姿が、徐々に視界を満たしてゆきます。長机越しに初めて間近に見る珠理奈の姿に、息を呑む新美。

沈魚、落雁、閉月、羞花、立てばシャクヤク、座れば牡丹、歩く姿は百合の花、見ぬ唐土の楊貴妃か、ふげん菩薩の再来か、静御前か、袈裟御前、はたまたオードリー・ヘップバーン。美しい温顔に微笑みをたたえた、いまだかつて出会った事のない程の美少女！

あまりの衝撃に、新美の意識はまるでスローモーションになったかのよう。

差し出された珠理奈の手。がっしと交わされた固い握手。

そこにいるのは、まぎれも無く本物の松井珠理奈!!

『何か話しかけなくては………!』

必死に考えを振り絞りますが、どうしても上手く言葉が出ません。背後では、剥がしが腕時計を確認する気配が致します。

『いかん、早くせねば、時間がきてしまう』

思考回路はショート寸前、程なくして、剥がしの顔がストップウォッチから外されます。背中に視線を感じた新美、ようやく重い口を開きます。

「あ、あ、あの、は、はじめまして」

「はじめまして」

にっことうち笑む珠理奈。その笑顔に新美のハートは完全にオーバーヒート。

その間にも、剥がしはこちらに近づいてきております。その気配に、焦る新美。ついに、剥がしの手が新美の肩にかかりました。しかし、ここで負ける訳には参りません。せめてあと一言と、言葉を探します。その様子に気づいたのか、剥がしが新美の耳元で低い威圧的な声で申します。

「そろそろ、時間にござります」

『まだじゃ。せめて、せめてあと一言………!』

その様子を見ていた珠理奈もまた、新美の次の言葉を待っております。業を煮やした剥がしの手が、ついに新美の両肩にかかりました。出口の方へと押しやられながら、必死に抵抗する新美。新美と剥がしとの最後の一騎打ちがはじまります。

虚と見せては実と変わり実と見せては虚と変わる。まこと変化の早業は水に映れる月影の波のうねうねうねるに似たり。二匹連れたる唐獅子が牡丹に狂う風情を表し集散離合の手をくだき。おとらじ負けじと火花を散らして六十余合と戦ったり。

しかし、奮戦空しく新美は討たれ、その体ははや長机の端。もはやこれまでと、最期の一言を絞り出します。

「が、頑張ってください！」

「ありがとうございます」

がっしと交わされた手と手は離れ、二人はついに離れ離れ。

後ろ髪引かれる思いで珠理奈を見ますと、視界から消える最後の最後まで、手を振ってくれております。

「あぁ、来て良かった。けっきょくテンパッちゃって『頑張ってください』しかいえなかったけど、珠理奈と握手できて本当に良かった」

晴れやかな表情で、テントを後にする新美。携帯電話には、玲奈ちゃんとの二回目の握手を前に浮かれる馬屋原からの着信履歴。かけ直しますと、興奮気味な馬屋原が新美に言います。

「新美どの、帰りにサンシャイン栄の観覧車にでも乗ろうではございませぬか」
「左様左様、はっはっは！」

以上、ＳＫＥ48握手会討ち入りの一席。これをもって読み終わりと致します。

虚とみせては実とかわり、実と見せては虚と変わる～」は講談で闘っている様子を表現するフレーズです。講談の特徴を現代に蘇らせ、握手会に挑む、「古典を現代に」って感じで楽しめました。いかがですか？　皆さんも講談に興味を持たれたのでは？

神田香織

新作講談集

シルエット・ロマンスを聞きながら

福島県には六年前まで立派な知事がおりました。知事職を四期務め、全県をくまなく歩き各地の文化、特産物を熟知し、福島県の魅力を県外にアピール。東京電力の福島原発にはより安全性をもとめ、プルサーマル導入を許さず、県民の信頼を一身にあつめていた前知事。そう、東京地検特捜部の国策捜査により、無実の罪を着せられた佐藤栄佐久さんです。村木さん事件で逮捕された前田検事も担当官のひとりでした。支持者の人たちが厳しい取り調べに自殺に追い込まれてゆくのを防ぐため、佐藤さんはうその「自白」に追い込まれていきました。今、一連の検察の不祥事が明るみに出て、佐藤さんの冤罪も世間の知るところとなったことはうれしい限りです。

その「自白」もせず、初めから無実を主張しているのに、状況証拠だけで「死刑判決」を受けた女性がいます。そう、和歌山カレー事件の犯人とされた林眞須美さんです。

事件を簡単に振り返ってみます。

時は今から一二年前、一九九八年七月二五日夏の盛り。ところは、和歌山市園部の夏祭り会場。

何者かがカレーに猛毒のヒ素を混入、六七人が急性ヒ素中毒になり、うち四人の方が亡くなる大惨事となりました。

これをうけ、事件後まもなくマスコミが園部に殺到し、競って犯人探しの報道を始めます。そのため、甚大な被害にただでさえ深く傷ついていた園部の人々の心は、さらに深く傷ついていきました。

マスコミの犯人探し報道はしばらく続きましたが、事件から一か月後の八月二五日、事態が急変します。それは、朝日新聞が朝刊で、事件発生前に現場近くの「民家」を訪ねていた男性が、ヒ素中毒に陥っていた事実があったかのような、記事を報じたことでした。

この民家こそ、林健治さんと眞須美さんご夫婦の家だったのです。この日を境にマスコミは、朝から晩まで林家を取り囲みます。

そして、ご夫婦のことを「疑惑の夫婦」と呼び、あたかもご夫婦がカレー事件以前に周囲の人たちに毒を盛るなどして、保険金詐欺を繰り返していたかのような疑惑を連日、洪水のように報じていったのです。

ある日、あまりの報道陣の傍若無人な振る舞いにカッときた健治さん「眞須美、うるさいから水でもまいておけ」。眞須美さんは夫に言われたとおりにホースで報道陣に水をかけました。この映像が強烈すぎました。テレビのワイドショー番組でなんどもなんども繰り返し報道された、この報道陣に対するホースでの水掛けシーン。国民の多くが彼女に反感をもち「あの女が犯人に違いない」と思うのにそう時間はかかりませんでした。

あのときから彼女には「平成の毒婦」というレッテルが貼られたのです。それはまさしく警察、検察の思惑どおりにことが運ぶ、世論形成に大いに役立つことになったのです。

そして同年一二月、冬空に舞う十数機のヘリコプター。五〇〇人以上の大報道陣に囲まれて、和歌山県警は殺人と殺人未遂で眞須美さんを逮捕、眞須美さんは和歌山拘置所に収監されてしまったのです。このとき眞須美さん三七歳。

ここでわたしと彼女のことについて触れてみたいと思います。

眞須美さんの主任弁護人の安田好弘弁護士に彼女の印象を聞いたのは二〇〇八年の暮、安田さんが所属する法律事務所の恒例の忘年会のときでした。

「安田さん、林眞須美ってどんな人です、やはり、ちょっと怖いんですか」

「そんなことないよ、普通の女性、チャーミングな人だよ」との返事に、

「えっ？　そんな！」とおもわず驚いたのは、やはり私にも刷り込みがあったからです。

それにしても安田さんという人はなんて人がいいんでしょ！　誰もが尻込みするような事件、オウムの事件といい、光市の事件といい、損を覚悟で引き受けて……こう言うのを男の中の男と言ったんでしょうが、私から言わせれば男にしておくのはもったいない！（笑）

「眞須美さんに一度あってみたら？」と安田さん。思い切って面会に行くことにしたのは、ほんとに「チャーミングかどうか」この目で確かめたくなったのと、たまたま翌年二〇〇九年の三

月、名古屋で仕事があったからでした。そして、面会のやり方を教わり、他の人の面会を入れないようあらかじめ手紙を出しておいて、名古屋の仕事の翌日、大阪拘置所へ行ったのです。

パパンパン、三月二五日、はじめての拘置所、番号札をもらって携帯電話をロッカーに入れて、差し入れ品は品目を書き入れて窓口に差し出す。本と現金を差し入れる。知らないことが沢山だ。メッセージは一切だめとは知らなかった。本に書いた励ましの言葉「一日も早く自由に」というのはダメ、はさみを出されてその部分を切り取る。現金を入れた封筒に同封した激励のメモ、結構考えて選んだ、孟子の「天が人に大任をあたえようとするとき、まずその心を苦しめ、その筋骨をさいなみ、餓えを知らせ、その人が行おうとしていることを混乱させる。かくして、天は人の心を刺激し、性質を鍛え、その非力を補うのである」もダメ。もう一枚の「御身大切に、神田香織より」も返された。なんというきびしさ！　人権無視もはなはだしい。冤罪の人たちはたまらないだろうと思う。

一〇分ぐらいの面会時間だったが、ピンクのトレーニングウェア姿の眞須美さん、持ち前の明るさで「初めまして」と。勝ち気だが、人のよさそうなおばちゃんといった印象だ（私より年下なんですけどね）。待ってましたとばかり、いろんなことを一方的に話してくれた。一一年もの拘置所生活がいかに過酷か。かつて取調官、この人は村木裁判で証拠捏造がばれた前田や大坪健二の元上司の小寺哲夫検事だ。彼が彼女の顔を殴ったとき、負けずに殴り返したそうだ。この時、「三〇年やって来て殴られたのはお前がはじめてだ」と憤慨した小寺哲夫検事。

彼は最後の取調べを終えて帰り際、ののしりながらこうさけんだという。

小寺哲夫「眞須美、よう覚えとけよ。お前は、わしの言うとおりにしないで逆らった女や。一生拘置所生活をさしちゃるからな。子どもとも健治ともも一生会えんようにさしちゃるからな。お前が逆らったバツとして、一生都島の大阪拘置所に放りこんどいてやる。死んだときやないと出れん人生やぞ。わしからのお前へのプレゼントとして一日も早く放りこんでやるからな。お前が大阪拘置所に行ったら、わしの生きてる限り毎年死刑執行してやるから、覚悟しとけよ。そのたびに、震え上がって過ごせ。健治や子どもたちは、その度、お前以上に震え上がるぞ、ざまあみ、アッハッハッ」

村木さん事件で検察の取り調べの実態が明るみにでた今にして思うと、「さもありなん」と納得です。

あっという間の一〇分、最後に眞須美さんが「なんでも聞いて、なんでもいいから」と目を輝かす。思わず私が「今の体重は？」と聞いたら、一瞬静かになり手でバッテンをつくると「それだけは勘弁して！」。

こんな気のいい元気印の一人の女性を、証拠も動機もないのに死刑にしようとしている。あるのは保険金詐欺と亭主に言われてテレビカメラに向かってホースで水をかけたことだけ。この映像が「毒婦」となり「鬼女」となり、世間体を気にする司法によって「死刑」となるとしたらぞっとする。

拘置所を出ると正面の川岸の桜が、寒風に耐えつつつぼみを膨らませていた。眞須美さんもたとえれば花咲き誇る年齢、無実の、ひとりの女盛りの女性の人権をここまで踏みにじり、死にいたらしめることがどうして許されるだろうか。パパンパン。

林眞須美さんは間違いなくチャーミングな女性でした。その上眞須美さんはサービス精神の塊のような女性で、一遍で「芸人」向きだと思いました。

詐欺の方へ行かなければ、立派な芸人になっていたように思います。なんとか世間に取り戻して講談師にしたいものだと思い、安田さんに相談すると「是非、弟子にしてくれ」と言ってくれました。

「死刑判決」が出たら一般の人は面会できなくなります。でも、特別に三人までは許されるそうで、師匠と弟子なら、その中に加わることが出来るかもしれない。「ひょうたんから駒」のような話はとんとん拍子にすすみ、最高裁の判決の前日の四月二〇日、再び面会する事になりました。もちろん、師匠と弟子の杯を交わすのが目的です。

二度目に会った眞須美さんは「香織姉〜」ととても親しげに歓迎してくれました。夫の健治さんはじめ一七人もの面会を断って私たちを待っていてくれたそうです。同行したアマチュア弟子の中井さんはいってみれば兄弟子、講談のこの字もしらない眞須美さんに張り扇を叩きながら「せっしゃ親方ともうすは〜」と「ういろう売り」のさわりを披露。おそらく面会で講談を聞かせたのは彼一人でしょう。それにしても講談一式の扇子、手ぬぐい、張り扇、すべて差し入れできず、可能だったのはテキストのみ。このテキストで大いに練習して欲しい。ネタはたくさんあるのだから。

さて、二度の面会で私は彼女に芸人、とくに講談師としての素質を感じ取りました。、面会者の性格を瞬間に判別する勘の良さは、客をつかむ才能そのもの。自分のことしか話さない押しの強さ、笑顔の魅力（かつてのテレビカメラに水をかけた印象とはまったく別人）、「講釈師みてきたような嘘をつき」という、小さいことをオーバーに語る表現力、そして、リップサービス、ヨイショの上手さ（初対面の私に「なんてきれいな人なの？」）。

何よりも彼女には語るべき貴重な体験があります。この体験は裁判員裁判が始まった今、ますます必要になっています。

これから彼女を待っている長く続く過酷な精神的抑圧、死刑の恐怖に耐える手段としても、拘置所内で懸命に講談を稽古してほしい……。

こうして昨年、彼女を私のアマチュア弟子集団「香織倶楽部」一門に加えることにしたのです。

そう、苦労を肥やしにできるのは芸人の特権ですから。

さあ、それからは、「青空通信」や眞須美さんの本を読む機会が増えました。

次第に眞須美さんの子どもたちへの切々たる愛情を強く感じるようになったのです。眞須美さんには四人のお子さんがいます。今はそれぞれ自立して四人結束して母親の冤罪をはらすべく頑張っておられます。逮捕当時三歳だった三女をかばって長女、長男、次女は力を合わせて施設での苦しい暮らし、世の中の偏見と差別に耐えてきました。施設では一度も温かい食事を与えられなかったそうです。いつも冷えきったご飯。この子どもたちの人生を語るときそれだけで長いお話になります。みなさん、想像してください。当時高校生を柱に中学生、小学生そしてまだ母親の胸に抱かれて甘えたい年頃の子どもたちがどんな思いでこの十二年間を暮らしてきたか……

逮捕されてから、眞須美さんは警察・検察の取り調べに対して黙秘を貫きました。昼夜問わず、連日厳しい取り調べを受ければ、たとえやってなくても「やった」と普通の人間だったら言ってしまう、それほど辛い取り調べでした。誰だって精神的に解放されたい、楽になりたいと思ってしまいます。でも眞須美さんは、やってもいないことを「やった」と認めることだけはできなかったのです。それは人殺しの罪だから。自分が頑張らなければ、四人の子どもたちがどれだけ辛い想いをするか。子どもたちだって「人殺しの子ども」と言われたくないに決まってるし、言わせたくもない。

逮捕直後に施設へ行った子どもたちは、自分よりもっと苦しい想いで耐えている…、獄中でなんども自殺を考えたという眞須美さんは、その度に施設でいじめに耐えている四人の子どもたちの苦労を思い、耐えたそうです。

眞須美さんはこう言います。

「子どもたちは健気にも、自分たちの不幸を何もぐちらず、私を支えつづけてくれました。私にとっては日本一の宝です。この事件によって家族がバラバラになりました。ただ、離れてこそわかる愛情や家族の結束というものを知りました。子どもたちが他人様にも自慢できる人間に成長してくれたことを、何より嬉しく思っています。そして子どもたちと再会できたのは、逮捕後七年近くたってからでした。それまでは毎日のように手紙を書き続けました。子どもたちと初めて面会できたとき『ママのこと忘れんといてね』と言ったら、三女に『忘れへん!』と、大声で怒られました。その三女に母親としての愛情をかけられないことが、今いちばん辛い。

子どもたちにぜひ言っておきたいことは、『あんたたちがいてくれたから、今のママがあるんだよ』。

離ればなれになった四人の子どもたちと母親は、千通にも及ぶ手紙のやりとりでその絆を確め合っていたのです。

そして、こんなこともありました。

逮捕から二年後、二〇〇〇年七月のある日。和歌山拘置所で毎日決まった時間にラジオを聞くことを許されている眞須美さん。アナウンサーの声にわが耳を疑いました。

アナウンサー「何とも切ないお手紙が届きました。この曲はすぐにかけます。一日も早くかけてあげたくて、七月二二日、来週がハッピーバースデーだけれど、今日すぐにかけます。

『私たち四人は、もう二年もママに会っていません。まだまだ会えないので、最高のプレゼントをしたいと思います。ママはいつも一〇時から十二時までこの番組をきいています。とっても楽しみにしているそうです。七月二二日はママの三九歳の誕生日です。四人からのプレゼントとして、ママの大好きな「シルエット・ロマンス」をリクエストします。よろしくお願いします』

ママの名前は書いてありませんね。きっと聴いていることでしょう。それではお聴きください。

シルエット・ロマンス」

音楽：シルエット・ロマンス

「私はこの曲が大好きです。耳をすまして曲が流れてくるのを待ちました。この曲はイントロがとても長いのです。そのイントロに乗せてアナウンサーがリクエストした四人の名前を読み上げました。

『私たち四人も立派に成長していきます。会えないけれど、頑張ってね。三九歳のお誕生日おめでとう。祥子、優子、誠一、幸子より』

私は胸がつまり、声を出して泣いていました。苗字は紹介されませんでしたが、四人の名前はまさしくわが子のものでした」

眞須美さんは見えぬわが子へ呼びかけました。

「涙が止まらなかったよ。三九歳のHappy Birthdayプレゼント、今日届きました。ありがとうね。この曲ね、去年の夏ごろ、とっても好きになって、いつも一人で夢みて歌っていたの。ママに夢をくれた曲だし、ママが変われたきっかけの曲でもあったわ。五〇から五四キロの体重まで落とそうと、女として意識させてくれたの。心って通じるのかしらね。四人の心が伝わってきて。

本当にありがとう！　一週間早くプレゼントもらっちゃって、とってもうれしかったよ！　ショウチャン、ユウチャン、セイくん、サッチャン』

林眞須美さんは一貫して無実を主張するも和歌山地裁は二〇〇二年一二月、死刑判決を言い渡しました。大阪高裁は眞須美さんの控訴を棄却。最高裁も上告を棄却し、二〇一〇年五月に死刑が確定。同年七月二二日四八歳の誕生日に和歌山地裁に再審請求を行っています。

死刑確定後、弁護人やご家族以外とは、面会も手紙のやりとりも差し入れさえも一切許されない状態が続いています。しかし、現金と切手だけは、弁護人や親族以外でも眞須美さんに届けることは可能です。

夏は猛暑に苦しみ冬は寒さに震える冷暖房なしの、たった三畳程度の監視カメラ付き独房に閉じこめられ、いつも絶望的に孤独な状態で過ごしている眞須美さん。今回の『青空通信』には「私のことをずっとずっとこれからも忘れないで」とこんなメッセージを書いています。「ドイツに伝説がある。騎士ルドルフが恋人のために花を摘もうとして誤って川に流されてしまう。最後の力を尽くして花を岸になげ『フェアギスマインニヒト（私を忘れないで）』これがわすれな草の花の名となった。外の皆さん、私を忘れないで！　毎日毎日忙しいと思いますが、再審無罪という一縷の望みを持ち、過ごしている私のことをずっとこれからも忘れないで！」

こんな眞須美さんにとっては、どれほどささやかな差し入れでも、外部の人の応援は大きな励みになります。一日もはやい、林眞須美さんの奪還を願いつつ、和歌山カレー事件「シルエット・ロマンスを聞きながら」これをもって読みおわりと致します。

【…………………………初演＝二〇一〇年一二月一九日（日）日比谷公会堂、再演二〇一二年八月七日（火）

石川一雄、学問のすすめ

みなさん、こんにちは。神田香織です。

きょうの集会で講談を、と鎌田慧さんから電話がありましたのは五月四日の事でした。もっと早く連絡すべきだったが脱原発や憲法の集会などで忙しくしておりうっかりしていた。年をとって忘れっぽくなったみたい、と色々いいわけをされていました。

実は私も鎌田さんほどではないのですが五月は珍しく仕事が立て込んでいて、狭山事件ほどの大きな事件を講談にまとめるにはそれなりの時間を要するから、本来ならお断りすべきだったのですが、二つ返事で引き受けさせてもらいました。

理由があります。ひとつは以前から、石川さんの誠実かつユーモア一杯のお人柄に魅力を感じており、何かお役に立つ事ができたらとつねづね思っていた事。

もうひとつは鎌田さんの電話を受けた場所が死刑囚の作品を美術館がはじめて展示した、福山市の鞆の浦の美術館だったということです。「極限芸術・死刑囚の表現」というタイトルです。

前日の五月三日は広島の憲法集会で講演、その翌日鞆の浦まで足を延ばしたのです。大勢のお客さんが訪れていました。おそらくこわいものみたさ?でしょうか。しかし、作品を見ているうちに皆さんの顔が実に真剣になってゆく、食い入るように見入っている。死刑囚たち、有り余る時間と迫りくる死刑執行の狭間、すごい迫力です。冤罪を訴える絵は無念の叫びが絵から飛び出すようでした。私の獄中弟子、林眞須美さんの絵もありました。

おそらく来館者の多くはこう思ったはずです。これだけの絵を描く人に悪い人はいるはずはない、過去に罪を犯しても間違いなく更生しているのではないだろうか。死刑にしていいのだろうかと。私も死刑を廃止し、冤罪をなくさなければいけないと、心から願った直後の電話だったのです。

早速、安田聡さんから資料を送ってもらったり、また鎌田さんが九年前に書いた『狭山事件——石川一雄、四一年目の真実』という本を読み直しました。

あらためまして簡単に事件のあらましをおさらいします。

時は一九六三年(昭和三八年)五月一日、私が小学生になったばかり(年がわかりますね)、埼玉県狭山市で下校途中の女子高生中田善枝さんが誘拐され、その夜、二〇万円を要求する脅迫状が自宅に届いた。二日の深夜、四〇人態勢で待ち受けていた警察は身代金を受け取りに来た犯人を取り逃がす。四日、被害者の遺体発見。二三日石川一雄が別件で逮捕される。この時彼は二四歳。被差別部落の出身だった。狭山署では頑強に否認していたが、六月一七日、釈放直後に違法にも再逮捕され、川越署分室に移送、自白に及ぶ。一審、死刑判決。この後一転、二審の第一回公判以降、一貫して無実を主張。ところが、二審では無期懲役。一九七七年（昭和五二年）、最高裁は上告棄却、刑が確定した。一九九四年（平成六年）一二月、仮出獄。三一年七ヶ月ぶりのことだった。

この時に読んだ短歌が「冤罪の受刑生活解かれども　古里にたてど　われは浦島」石川さんは歌人でもあります。翌年の一二月早智子さんと結婚。二〇〇六年五月二三日、今からちょうど七年前、第三次再審請求を申し立て、今は早智子さんとともに大勢の支援者の声援を受けながら証拠の開示と再審開始を訴えていらっしゃる。

それにしてもいまさらながらミステリアスな事件ですね。関わりのあった人六人もが自殺あるいはそうではないかもしれないが、亡くなっている。それだけでも戦慄するのに、もっと驚くのは、字が書けない石川さんが漢字入りの脅迫文を書いたことにされた。石川さんは万年筆を持っていなかったのに、万年筆で書かれていたり。家になかった万年筆がある日、突然出現、万年筆がとことこ歩いて来て鴨居に飛び乗ったりするのでしょうか。その他諸々、講釈師見てきたような嘘をつき、といいますが、いくらなんでもこれほどまでのみえみえの嘘はつけません。

石川さんは、獄中で文字を獲得して自分の人生を自力で切り開いて行く事になる、きょうは「石川一雄、学問のすすめ」の一席です。

石川さんに文字を教えたのは大学を出たばかりの若い刑務官でした。それまでの新聞記事、冤罪を主張するビラなどを読んで石川さんに同情していたのでしょう、無実を訴え、無罪判決への道を切り開く学習が始まった。最初は漢字の書き取り、ひとつの漢字を何度もくりかえして書く、一〇日経ったらまた同じ字に戻るというやり方。こうしてあっと言う間に一年！　第二審二回公判から、石川一雄は決然として自分を落とし入れた取調官を批判するようになるのです。嘘の自白を強要された経過を、まるでつきものがおちたかのように毅然と暴露するのです。また、囚人仲間から短歌の手ほどきも受け始めます。日記をつけ、短歌を詠み、彼は文学青年に大変身してゆくのです。

「無実をば叫び続けて監房に　吾の真実いかにしらさむ」

歌は無実を訴え、望郷の感情を詠ったものが多いが、つらいばかりではない、獄中にある自己の姿をも対象化させています。

「食足りて獄舎にひとりまどろむは　獣にたるやすらかさなり」

「日も暮れて点検すみし独房に　布団のべれば心ほぐるる」

これらの短歌には、文字を手にする事ができた、精神的なゆとりがあります。しかし、のどかな日々だけがつづいていたわけではもちろんありません。

「何ゆえの焦りなるのか独房に　いらだち続き歌集も閉じる」

一九六九年一〇月二一日の獄中日記に当時の気持ちが書かれてます。

「今にも泣き出しそうな雲行きであったが、今日一日ぐらいはどうやらもちそうである。今、ペンを走らせている。時刻は午後一時頃であるが、雨が落ちると、運動の中止はもちろんの事、舎房からは一歩も出られないし、ひねもすじめじめした独房内は陰気で忍びがたい。

昼間であっても、電気はつけっぱなしでおいてくれるので、助かるが、それでもなおかつ暗い。そんな中で私は背を丸めるようにしてペンを走らせているので、目が悪くならない方がおかしい。それでは姿勢を正しくして書けば良いのにと思うかもしれないが、私たちが使う机としているのは、取り付けになっている流し台と、水洗便所のふたへ腰掛けて書くようになっているので、姿勢を正しくしたら書けないのである。運動の時間約一時間と三度の食事以外は、ほとんどペンを離さない。

朝の八時頃から仮就寝の五時半頃までペンを握ったまま。時には許可をとって就寝の九時までペンを走らせなければならない。そんな日が週に四日はあるであろう。

小学校さえ満足に上がる事ができなかった私であるので、狭山事件の真相をどう綴ったら国民の皆様にわかっていただける事ができるのであろうか。余計時間を必要としなくてはならず、一通の手紙を書き上げるのに二、三時間もかかってしまうのである。

『せめて中学でもでていたら』と自分の明き盲に腹だたしさを覚え、本当に情けなくなる。しかし『俺よりもっともっと不幸な人がいるのではないか』と自分に言い聞かせ、今では訴訟の合間を縫って、習字、勉学と一時でもみにつけようと学んでいるのである」

とにかく文字を獲得して自分の冤罪をはらすぞ、という執念が前向きな向上心の固まりのような石川青年をつくりあげてゆくのでした。

おまけがあります。石川さんは贅沢病と言われる糖尿病になります。刑務所にいて糖尿病？カロリー計算が行き届いた食事のはずなのに？　そうです。休憩時間も手紙を書いたり字を覚える勉強をしていて運動不足になってしまった、のでした。

文字と一緒に糖尿病も獲得してしまった。

それでも前向きな石川さんです、今はジョギングを習慣として身体を鍛え、健康管理に気をつかっておいでです。

さあ、その健康管理も冤罪をはらす活動もこの方と二人三脚、いつもそばにいて彼を励まし、支えている妻の早智子さんとの出会いです。

仮出獄した翌年の一九九五年七月、徳島で交流会がありました。この時はじめて早智子さんは石川さんに会ったのです。それまでも日比谷公園の集会にたびたび徳島から参加したり、狭山市に現地調査にでかけ、彼の両親と一緒に写真におさまったりと支援をしていた早智子さんは、

「あっ、思った通りの人だ」

孤独で控えめ、飲まず、食わず、正しい姿勢で端座している。まるで修行僧のように。彼には

オーラがある、すてき、と一目惚れ！したかどうかは聞いてみないとわかりませんが。

そして翌年、阿波踊り見物にきた石川さんを早智子さんは釣りの名所、月見が丘海岸に案内するのです。石川さんは少年に返ったように無心になって泳いでいる。

早智子さんは当時を振り返ってこう言います。

「一雄さんが生まれて初めて海で泳いだのです。私はそれをみて結婚を決意しました。四時間ほどでしたが、あんなにうれしそうな顔をみたことがありませんでした。台風の前で寒くてあんまり人もおらんのに、一雄さんは何度も海に出たり入ったり。それをみて、あ〜、いろんな経験をさせてあげたいなと思ったんです」

この年の一二月、石川さんは早智子さんと結婚したのでした。

石川さんは言います「いつもかわいそうだなと思うのは、さっちゃんのことです。他の人と結婚していたらもっと幸せな人生を送れたと思うんです。でも、いっさい、泣き言をいわないんで救われてます」

なんか、のろけを聞いているような気分になるのは私だけでしょうか。

冤罪！　自分は悪い事をしたことはないから、そんなふうに捕まる事はない、が通用したのは過去の事。冤罪は人ごとと切り離す時代は3・11で終わりました。

悪い事をしなくても、東電福島原発の電気を一アンペアたりとて使ってなくても、原発事故で福島県人は苦しめられ、塗炭の苦しみを味わっています。海も山も大地も汚され、子どもたちを中心に健康被害が広がっています。五万人が全国に散り散りとなり、一〇万人が県内で避難生活を強いられています。離婚、虐待、住民たちの軋轢、やりばのない怒りは身近な者たちに向かいます。放射能被害は福島県のみならず関東各県にも及び、ながれついたセシウムは川に海にその量をふやし、しずかに沈殿して二年と二ヶ月が過ぎました。いまだに大量の放射能を放出したままの原子炉。海にながしつづける汚染水。それなのに、事故は収束したと大ボラをふき、警戒区域を再編成し、危険な汚染地域に住民を戻そうとしてさえいます。政府、電力会社はその事実にほおかむりをし、みせかけの景気回復アベノミクスに耳目をあつめさせようと必死です。補償、賠償も遅々として進まず、福島県民は見捨てられました。そして差別され始めました。原爆投下後の広島長崎、そして沖縄のように。

この流れを食い止めなければ、またこの国で原発事故が起きてしまいます。

司法も同じです。検察のストーリー通りに犯人が作られ、マスコミで印象づけられ、冤罪が作られている。この流れを止めなければ、ますます冤罪は増えていくのです。

原発を止める闘いは冤罪を晴らす闘いでもあるのです。

冤罪をなくす闘いは原発をなくす闘いでもあるのです。

石川さんが獄中にあるとき両親はなくなりました。その両親のお墓参りに行くときははれて無罪の報告するとき、とまだ一度も行ってないのです。行きたくても必死でこらえているのです。

皆さん、今度こそはなんとしても石川さんのお墓参りを実現させようではありませんか。
五〇年闘って来た石川一雄さんに証拠が開示され再審の道が開けて、無罪を勝ち取り、高齢の袴田巌さん、奥西勝さん、林眞須美さんはじめ大勢の冤罪で苦しんでいる人たちに再審の道を開かせましょう。

【……………………………………………初演＝二〇一三年五月二三日（木）日比谷野外音楽堂

福島の祈り　ある母子避難の声

歴史というのは人々の経験の伝承です。それは物語とも言えます。

物語には始まりがあり終わりがあります。それが伝えられて歴史になるのです。

福島でおこった事件は3・11から始まったのでなく、それ以前から原因がありました。どこまで遡ればいいのだろうか、果てしない歴史への眼差し。人々が経験した膨大な物語から一つつかみ出して全体を語ることは不可能です。そして事件は進行中、終わっていないのです。何百年もかかるかもしれない。

ある特定の人の物語でなく同じような経験をしたであろう人のお話をつないで、この事件を記録していく最初の試み。毎年一作ずつ一生かけて物語をつなげていこうと決心しました。この大きな物語、人々が経験した物語、結末のない物語。

第一話はもっとも絆の深い母と子の物語。


「おかあさん、このお花さわっていいの」

ぼんやりとこの二年半のことを考えていた私は、娘の問いかけにはっと我に返り「いいのよ、お花だけじゃなくて、砂場もどろんこ遊びもなんでもしていいのよ」

ここに来る前、この子には怒ってばかりいました。

子どもは本来雨に濡れるのを楽しみ、落ち葉を踏む感触を楽しみ、泥んこになり、花びらでおままごとをし、木登りに挑戦するのが当たり前です。それをすべて禁止することはとても辛いことでした。毎日子どもに「葉っぱを拾わないで！」と言いながら、なんという世の中になってしまったんだろうと愕然としました。

しかし、これらの防御を周りの母子がみんなしていたらどれだけ気持ちが楽だったかと思います。実際はほとんどの人が政府の言う「ただちに健康に影響はない」を信用しているため、母親たちは子どもたちを以前と同じ様に遊ばせているのです。そのなかで私だけが「葉っぱダメ、お砂場ダメ」と言うのはとても辛かったです。

私は神経質ママだと思われていました。子どもはお友達がみな普通に遊んでいるので、ついつい同じように遊んでしまいます。何度言っても葉っぱを触ってしまう子どもを家に帰ってから「もう体の中に毒が入っちゃったよ。病気になって入院したら離れて暮らすしかないんだよ」などとキツく叱ったことが何度もありました。叱ったあとで、罪を犯したのは私たち大人であり、子どもは何も悪くないのに私はなんて酷いことを言ってるんだろう、と我に返り、泣きながら子どもに謝ったこともありました。子どもをとても混乱させてしまったと思います。

パン

（語り）3・11以前、笠井真弓はごく普通の主婦でした。いや人より少しは幸せな家庭を築いていたと思っていました。それが「うそ」の暮らしだったことを3・11以降、いやというほど思い知らされていくことになるのです。

真弓は福島県のいわき市生まれ、親の言う事を良く聞き、学校でも決まりを守り、地元の進学校から希望通りの東京の大学に進み、大手の広告代理店に就職。そこで知り合った男性と結婚し、妊娠をきっかけに専業主婦になったという、世間の価値観を疑う事もない、ごくありふれた主婦の一人だったのです。

子どもは五歳の息子と、二歳の娘のふたり。住んでいるマンションは似たような年代の家族が多く、公園で一緒に子どもを遊ばせたり近所のファミリーレストランでお昼を食べるグループにも入っていました。話題はテレビや芸能人のこと。たまに政治の話題になっても結局マスコミが流す情報の域を出る事はありませんでした。

やや退屈でしたが、それが世間と折り合っていくことなんだと思い、過ごしていたのです。ただ真弓は「食べもの」には関心があり、子どもが出来てからはなるべく手作りの物を食べさせていました。また添加物のない「安全で安心」な食材を手に入れるように努力していたのです。

インターネットはほしい情報の宝庫だったから、ネットから情報を得ることには慣れていたのです。そんなささやかな日常がいまとなっては手が届かないほど過去のものになってしまったと、真弓はしみじみ思うのでした。そうあの3・11からすべてが変わってしまったのです。

（修羅場調子）

時は二〇一一年三月一一日金曜日　午後二時四六分、三陸沖でマグニュチード九・〇の巨大地震が発生、運転中の福島第一原発一号機から三号機までが緊急停止。地震発生と同時にあろうことか、すべての外部電源を喪失。

枝野幸男官房長官が原子力緊急事態を宣言。

夜一〇時。政府は第一原発の半径三キロ内住民に避難指示、一〇キロ内に屋内退避指示を出す。あけて三月一二日。午前五時四四分半径一〇キロ内住民に対して屋内退避あらため避難指示に変わる。その為、救済を待つ多くの津波被害者を救うことが叶わなくなってしまった。

三時三六分。一号機が水素爆発。白煙とともに原子炉建屋が吹き飛んだ。

さらに三月一四日、午前一一時一分。三号機でも水素爆発。

翌三月一五日六時一〇分。今度は二号機の圧力抑制室で水素爆発。高濃度放射性物質が放出される。これが大汚染の大元《おお》締めなり。

つづいて六時一四分。四号機原子炉建屋、水素爆発。そして前日爆発した三号機からは発煙がもうもうと立ち上る。

八時二五分。今度は二号機建屋から白煙があがった。こうして全ての原発が爆発し、フクイチからの放射能の勢いはどうにも止まらない。

九時三八分。四号機で火災発生。消防に通報。

現場はもはや阿鼻叫喚のお手上げ状態。四号機プールには使用済み核燃料棒が一五〇〇本以上沈められている。万が一これが落下したら、日本は東日本が壊滅、三〇〇〇万人が避難を余儀なくされるのだ。

一一時。半径二〇キロから三〇キロ内住民に屋内退避要請。

この屋内退避という指示が混乱を深めます。これが出たため、逃げる準備をしていたのに避難所から出られなくなった人たちも多く、時間が経てば経つほど病人や高齢者は疲弊し、ガソリンもなくなっていったのだった。

午後、第一原発の北西約二〇キロにある浪江町の放射線量が毎時二五五から三三〇マイクロに達していると文科省が発表。一年間に浴びても影響がないとされる線量限度の二〇〇〇倍から三〇〇〇倍にあたります。

この頃、津波から逃れて、南相馬市や浪江町から大勢の人たちが飯舘村に避難していました。

飯舘村は村民総出で避難民の世話にあたっていました。県はSPEEDIの情報を把握しながら、「不確か」だからという理由でこれを破棄。県民にさらなる被曝を強いたのでした。

二号機が爆発した三月一五日、関東一都六県で大気中の放射線量が通常の七～一〇倍に急上昇し、ついに放射性物質が関東方面へ流れた事が明らかになったのだった。

この時の汚染が飛び抜けてひどかったので、現在の汚染はすべてこの時に起きたと思われがちだが、群馬大学の早川由紀夫教授によれば、フクイチからの放射性物資大量放出は大きくわけると四回あったといいます。

一回目三月一二日夜。南相馬から太平洋を北上して時計と反対周りに女川を経由し一関市に向かい、平泉にまで到達。

二回目三月一五日午前。いわき市、水戸市と南下して、そこからさらに宇都宮方向、群馬方向、首都圏方向の三方向に分岐して流れた。群馬ルートは軽井沢まで到達。

三回目三月一五日夕方。これがもっともひどい汚染になったのです。風向きが変わった為北西方向に進んで飯舘村などを汚染した後、国道四号線に沿うように南下して福島、二本松、郡山、那須と流れ日光まで到達。

四回目三月二一日海沿いに水戸方面に南下し、柏や流山にホットスポットを作り、さらに東京の新宿まで到達。

こうして次々と放出された放射性物質は、雪や雨とともに落下し東北、関東と東日本の各地にホットスポットを作ります。多くの農産物、海産物など自然の恩恵を受けていた人々の生活をおびやかし、健康被害や住民同士の感情の軋轢など多くの悲劇を生み出しました。その上一四万人もの人々が避難生活を余儀なくされているのです。事故は収束せず、誰一人事故の責任を問われることなく、未だに毎時一〇〇〇万ベクレルの放射能を出し続けています。こうして（一年間に）広島型原爆一〇〇〇個分の放射能がまき散らされ（つづけ）、高濃度汚染水は太平洋に流され続けたままの東電原発事故は二一世紀最大の惨事となったのです。

（独白）三月一一日、近所の公園で子供たちを遊ばせていたら、震度五強の地震が起こりました。子供を覆うようにしてしゃがみ込み、高層マンションを見上げるとこんにゃくのように揺れていました。ものすごい怖かった。しかし今から思えば地震だけで済めばどれだけよかったか、と心から思います。

翌日、福島第一原発が爆発しました。いつもインターネットで情報を取ってる夫が

「大変だ、東京にも放射能が風に乗ってやってくるぞ。こどもが小さいから、場合によっては逃げた方が良いかもしれないな」

「えっ、まさか」私は絶句してしまいました。

「危ない、危ない」ってと聞いたことはあるけど、でもまさか本当に現実になるとは思いませんでした。いわき市には東電の下請け会社が結構あり、原発が危ないなんて話題は無意識にさけて来たように思います。そんな中で育った私は、頭っから安全神話を信じてきたんです。原発は何重にも、格納容器とか圧力容器とかで覆われているから「安全ですよ」「放射能なんか漏れま

せんよ」と言われていたから……。

（語り）結局、笠井真弓は二発目が爆発したと同時に息子を幼稚園に迎えに行き、二人の子どもの手を引いて東京駅へ向かうのでした。新幹線のホームにはたくさんの子連れの方がいました。海外のメディアの取材陣もいて「やっぱり有事なんだ」と確信するのでした。

後に真弓は夫の知り合いのテレビのディレクターからこんな話を聞くのでした。

「実は、当時、新幹線も東京駅も品川駅も成田空港ものすごい人だったんですよ。逃げる人達で。放射性物質がかからないように、ちっちゃい子どもに透明のビニール袋を頭からかぶせて、マスクさせて。夏のお盆の時の帰省は、乗車率百何パーセントだというニュースになる。もうそんな物とは比較にならないくらい大勢の逃げる人でごった返していたんですよ。それなのに、その絵をどこも流さなかった。どの新聞もどのテレビも流さなかったんです。」

「あの時は浜岡ルートを避けるため東名でなく中央道を使い避難してましたね。子供を乗せた黒い高級車がひっきりなしに走っていました。

東名でなかったので目立たなかったんですかね。

問題なのは、一号機が爆発したのが三月一二日の一五時三六分ですが、正午頃から車の量が増えたことです。知ってる人は知っていたと言うことです」

真弓はネットで調べ関東からも避難を受け入れる「母子疎開ネットワーク」にたどり着き、ゲストハウスで一ヶ月の避難生活をおくるのでした。ゲスト同士はすぐに仲良しになります。そりゃそうです。皆、周りに放射能の話を言えなくて来ているから「やっと話せる相手とここで出会った！」という思いで涙ぐみながら堰を切ったように話しだすのでした。

福島県からは四月過ぎになって各地から数組のファミリーが来ました。郡山からも福島市内からも二本松からも。みなさん自主避難です。

二本松の佐藤さんは当時の様子を詳しく話してくれました。

「原発が黒煙を上げて爆発してから、一度も窓をあけなかったですよ。極力外出はしない、帰宅後すぐ玄関で服を脱ぐ、洗濯はすべて部屋干し、夜は乾燥機をまわして、毎日家中の拭き掃除、料理には細心の注意を払い、安全そうな食品を探しまわりました。小学生のこどもはマスクに帽子、ウインドブレーカー、長ズボン、それに手袋姿。学校の野外活動は禁止です。

小学校で沢山の子が同じ日に鼻血をだして、これはただごとじゃないと、ぞっとしましたよ。線量は自宅裏庭で毎時〇・六から〇・八。子供部屋で毎時〇・二から〇・三もあったんです」

これを聞いて福島市の渡利から避難していた池田さんは

「そんなの低い方ですよ、うちはもっと高いんです、庭先で三マイクロも。だからこどもが庭にでると捕まえて、だめだよ〜って。小さい子どもには拷問ですよね。小学生のお兄ちゃんは三月末から毎日、鼻血を沢山、ティッシュをつめるぐらいじゃ収まらない。目の下のくまもすごくて、もう春休みの間だけでもとここに来たんです。学校が始まってもかえりたくない、道路がまた線量が高くて。私も移住したいですよ。でも、家のローンも残っていて」とうつむくのでした。

宮城県からも千葉県からも関東各地から、東京からもいっぱいファミリーが来ていて口々に「僕たち移住しようと思っているんですけど」「私たちもそうなんです、移住先を探さなきゃ」と話している、これを聴いて笠井真弓は衝撃をうけるのでした。線量の高い福島のファミリーなら当然だけど、東京から移り住むのはオーバーじゃないのか。「一時避難で乗り切れるのでは?」と思っていたので、さあ、どちらを選んだら良いのか、分からなくなっていました。

(独白)一時避難か、移住するか、迷ったまま、とにかく夫とともに放射能についてもっともっと勉強しようと気持ちをきめて、一ヶ月後東京に戻りました。しかし、夫はかわり始めていたのでした。初めは「危ないから逃げた方がいい」って言ってたのに、職場の人たちがみんなのんびりと「東京は大丈夫じゃない? なにせ福島から二五〇キロはなれているんだから」。それに同調してしまったのです。「もうみんな普通に生活しているし、大丈夫だよ。東京はさわぐほどじゃない」

あ〜、もう、夫はもうあてにならない。こうなったら一人でやるしかない、と見えない放射能との孤独な戦いが始まりました。子供が寝たあとはパソコンにかじりつき、本を読みあさる。休みの日には講演会、勉強会に行きました。

「食べ物や空気から体内に一ベクレル吸収すると、一秒に一回放射線が飛ぶ。つまり一日に八万回以上放射能に細胞を切断される」

これを知ったとき「一〇〇ベクレルまで大丈夫」などという政府など一切信用できない、自分の得た情報と母親としての直感を信じようと決めたのです。と同時に、被曝防御を徹底しなくては、とも思いました。

チェルノブイリ原発事故に遭った子どもたちの様子やお母さんたちの情報がとてもためになりました。それは想像を絶するほど辛い映像や話でした。なにせ当時の子どもたちがいま親となり子供を産む、その子は大抵三つぐらい病気をかかえているんですから。甲状腺ガンや白血病だけじゃなく、免疫力が落ち、目も耳も骨も内臓も弱くなってしまっているんです。福島の事故は水素爆発だからチェルノブイリとは違うと言いますが本当にそうでしょうか。実際チェルノブイリで放射能管理区域や移住権利区域となる線量が首都圏でもあちこちに見られるのです。だから私は東京も危ないと思うようになっていきました。

そしていくら放射能のことを学び防御したとしても、放射能は「目に見えない」「匂いもない」「色もない」ものなので、どれだけ防御できたのか、今日の外出でどれだけ被曝したのか、まったくわからない。

葉っぱを見れば「何ベクレルだろう」、

風が吹けば「放射能が飛んでいる」、

山を見ては「セシウムの塊だ」、

雨を見ては「セシウムの液体だ」、

頭の中は朝から晩まで「放射能、放射能、放射能」本当に神経質だし頭がどうかしてる、鈍感になれたらどんなにいいだろうと思いました。でも一度知ってしまったら、仕方がない。そして知らなければ子どもを守れないのです。

私は私たちの生活をめちゃくちゃにし子どもから外遊びを奪った放射能が、汚染を隠蔽し温度差を生み福島の子供達さえも守ろうとしない政府が、しらばっくれて計画停電などを平気でする東電が、憎くて憎くて仕方ありませんでした。

ある日、娘の幼稚園ではこんなこともありました。

「さあ、明日は、皆さん楽しみにしていたお芋掘りです」「やった〜」「おいもほり、おいもほり〜」

子どもたちは大喜びです。

行き先は千葉の柏の農園でした。そして一ヶ月後、その農園は高線量のため閉鎖されてしまったのです。

園長先生は「うちの園児達は行ってしまいましたね。でもこの通り元気ですので！」と笑っておっしゃいました。これが子供の命を預かる教育者か、と愕然としました。

その後の遠足も焼却灰の埋め立て地の近くの公園でした。瓦礫はまだ燃やされていませんでしたが、一般ゴミからかなり高濃度のセシウムが検出されていました。教育委員会に問い合わせ「わざわざ線量の高い所に行かせないでほしい」と申し出ました、すると「行き先は各幼稚園が決めることなので」

幼稚園に申し出ると「教育委員会の決めることなので」

楽しみにしている娘を休ませる他ありませんでした。

（語り）その頃から真弓はマンションのママ友グループから孤立していきます。

外出の時子どもにマスクをさせているのは真弓だけ。面と向かって「笠井さん、ちょっと、気にし過ぎじゃないの」と言われる事もありました。

真弓の気持ちは揺れ動きだす。

一歩外に出ると誰もマスクをしていない、普通に遊んでいる、何もなかったかのように。真弓は自分がおかしくなってしまったのかと思います。しかし夜パソコンを開くと「世田谷の校庭からストロンチウム」「〇〇公園から数万ベクレル」

あっ、自分は間違っていない、と思い直す。

この頃、真弓は昼間からお酒を飲むようになりました。飲まないと外に出られないのです。そして玄関のドアをあける度に「さあ、いくぞ」気合いをかけるのでした。毎日毎日振り子の様に思いが揺れ、精神的に追いつめられて行きます。そのぐらい周囲との温度差というのはキツいものがあったのです。

こんなことではダメだ、母親の様子をみて不安な気持ちでいる子どもたちも元気がなくなっているではないか。母親が元気にならなければ。

真弓は変わるきっかけを探していました、そうだ、古里へ、いわきへ行ってみよう、いわきへ行けば自分を取り戻せるかもしれない。本当の事が分かるかもしれない。そして何よりもこの目で福島の有様をみてみたい。

真弓は子どもを夫の親に預け、まずは両親を見舞いに実家へ寄ります。

震災当時は連絡がつかずやきもきしたが、幸い二人共怪我もせず一ヶ月の避難所暮らしから家に戻っていました。頑丈に作られた実家は塀が崩れトイレの戸が閉まらない程度で済んでいましたがまわりの家は皆、地元発四一一の直下型地震で全壊して我が家だけが無事だったのです。

父は「うちだけ残って、もうしわけねーな」と言っていましたが、今では新築の家に囲まれています。父は「うちだけボロくて、もーしわけねーな」と笑っていました。

そこで真弓はあの日以来酒浸りになってしまった南相馬の消防隊員の話を聞くことになります。父の知り合いで六〇歳の永山さんという方です。真弓は永山さんに連絡し会いに行くのでした。永山さんは「思い出したぐねえが、わざわざ来てくれたから」とぽつぽつと話してくれました。

被災後、生死を分けるリミットとされるのは七二時間。警察、消防団員は懸命に生存者の救出にあたっていました。

津波到達から時間を追うにつれ「避難誘導していた消防団員と連絡がとれない」などの危機的な情報が入りだす。警戒に当たっていたパトカーは前を走行していたポンプ車が津波に飲まれるのを目撃し、二キロ近くバックで走って難を逃れた。

署内には住民が次々と避難して来る。倉庫に案内し毛布や暖房器具を配る、雪がちらつき始めている。住人は口々に訴える。「住宅の二階に人がいるのをみた」「逃げ後れた人がいる」。

一二日夜があけると通報が殺到。「早く来て、早く来て」「瓦礫の下から身体がみえるんだ」しかし場所を聞いても目印となる建物が流されている。倒壊している。現場の特定に時間がかかる。

沿岸部の各所では遺体を収容しきれなくなっていた。南相馬市の相馬農業高校の体育館の遺体安置所。安置所を訪れる人は後を絶たない。誰もがひつぎの数の多さに言葉を失う。肉親を探し求め、立ち止まり、泣き崩れる姿があった。

永山は沿岸部の捜索にあたっていた。家々は土台を残してほとんど消えている。見渡す限りの瓦礫の山、コンクリートのビルも何もかも流されてしまった。高圧線も飴細工のように丸まっている。車が田んぼの中に転がっている。横転している車、一回転して腹を出しているものも。

原型はとどめず、まるで壊れたおもちゃのようだ。コンクリートの固まりの上に泥色の布団がかかっている。傍には熊のぬいぐるみ。その布団をめくる勇気がでない。

なんということだ、昨日までは朗らかに暮らしていた家々がこつ然と消えてしまったではないか。

永山はいまは穏やかな波の音を聞きながら海辺へと向かった、そこで最初に彼を待っていたものは毛布の固まりだ。そう思って近づいていくとなんと、それは四歳ぐらい男の子の遺体だった。「かわいそうに、孫と同い年ぐらいだ」手を合わせ歩き出すと海岸線には打ち上げられた遺体がそこここにあることに気がつく。

皆砂まみれで男女の区別もつかないほどだ。永山は叫びたくなるような気持ちをこらえ、瓦礫の中を生存者を探していた。「だれか、いないか〜、だれかいないか〜、助けにきたぞ〜、声をあげてくれ」

夕闇が迫っていた。もうだめかと諦めかけたその時、「う〜、」といううめき声を耳にする。永山はしゃがみ込み、耳をそば立てる。木片が重なり合っている瓦礫から指先がみえたのだった。

「まってろ、今すぐたすけっからな」瓦礫をかき分けるが、自分一人ではどうにもならない。「がんばれ、待ってろよ、辛抱しろよ」と声をかけ、急いで仲間を呼びにいった永山に仲間が言う。「今、避難指示がでたんだ、もう、暗いし、どうにもならない」

フクイチから二〇キロ圏内南相馬に避難指示が出たのは一二日午後六時二五分だった。

「波にもまれた死体は、それはもう哀れなもんだ。砂にもまれてっから、体中砂まみれだ。頭の毛にも一本一本砂がからみついでいた。身体は少し膨らんでいたな。瓦礫にはさまれ顔が腫れ上がっている仏さんもいた。服が取られて裸になっていた仏さんも。木にひっかかったのか、畑のすみに丸まっていたのもあった。死体は警察が検死してから収容する。だからおれは死体を見つける度に手を合わせて、生存者を捜していたんだ。それがやっと見つかった。あの津波から助かった人だよ、奇跡だっぺ。

どれだけ助けに行きたかったか。他にも助けを待っていた人が何人もいたはずだ。あのうめき声が耳からはなれねえだよ」

実際、二〇キロ圏内には数百から一〇〇〇体近い遺体が海岸線に打ち上げられていたのでした。なかには、傷ひとつない奇麗な遺体も数多くありました。打ち上げられた船の舳先で倒れていた男性はあばらがみえるほどやせていたが目立った外傷はありませんでした。おそらく救助を待って待って待ちわびてなくなっていたのだろう。

「誰か、助けてくれ」「誰も来てくれないのか〜。いやきっときっと助けに来てくれる」救助を待ちわびて飢えと闘っていた彼が最後に見た景色はなんだったのだろう。空に舞うカモメの姿か、それとも爆発後ふりそそいだしろい粉か？　彼が最後に耳にした音はなんだったのだろう。爆発音か、それとも寄せては返す波の音か……。

一ヶ月後、警察、自衛隊、消防と捜索隊が入って行った。が一体も遺族のもとにかえる事はなかったのです。それらの遺体は高濃度放射能に汚染され、火葬にすると煙で放射性物質を拡散する、土葬にすれば土や周辺に広がる恐れがある、検死する作業でも被曝すると、収容さえはばかられ、野ざらしになって、朽ちていったのでした。

永山はその日からお酒を飲む量が増えて行った。この思いは消防団員だけではない、行方不明の家族をあと少しで捜し出せたのにと、原発事故さえなかったら、とどれほどの人たちが涙を流した事か。

永山さんの話を目を腫らしながら聞く真弓に彼は「せっかく東京から来たんだから避難所に

行って婆さん達の話を聞いてみるかい?」と近くの小学校の体育館に連れて行ってくれ同じ町内会の七〇歳ぐらいの二人の女性、吉田さんと滝内さんを紹介してくれたのです。

吉田さんは消防士だったお孫さんを、滝内さんは夫を津波に奪われていたのです。吉田さんは「ガッコパッパ」と呼ばれてました。学校の近くの家に住んでいるのでそう呼ぶのだそうです。

「家族を亡くした話は、みんなと居る時は絶対しないよ。ここでは私らの他には家族亡くしてる人は居ないからね。みんなが嫌な気持ちになるでしょ。私ら二人で居る時もこんな話しはしないけど、お互いに気持ちは判るからね。だから二人でいっつも、ここでは楽しいこと話して笑ってんだ。でも、一人になっと、寂しくて泣いちゃうんだよね」

吉田さんはお孫さんがお年寄りをおぶって逃げる途中で波にさらわれるのを、高台から目撃しても居るのです。

滝内さんは柱にしがみついてなんとか助かったのですが、四〇年連れ添った夫は彼女の目の前で流されていったのでした。

「流されてゆくおとうさんが私の名を呼んだんです。その時、私は変なことを思いました。あー私の名前覚えてたんだ」「夫はいつも私のことをおい、おい、っていってましたから」

「きょうはね、嬉しいことがあったんだ。夢でね、おとうさんが出てきたの。『あれ、おとうさん、そこに居たの? おとうさん私の名前覚えてたんだね』って言ったら、笑って手振ってたんだ。『また来てね』って言ったら、笑ってる顔が見えたんだ」
（独白）福島から戻って私の気持ちは変わって行きました。福島で話を聞いているうちに私は福島の人間なんだ。都会暮らしをしていた私は福島がどんなにすばらしいところだったか、奪われて初めて分かったのです。

子どもを守るのは母親だ。関西へ移住しよう。私は何を恐れていたんだろう、放射能？ それはそうだが私が恐れ動揺していたものは私の3・11までの暮らし、周囲のママ友、電化製品に囲まれた便利な暮らし、そんなものを失うことを恐れていたんだ。

私が留守にしていた一〇日間に子供達に健康被害が出ていたことも決意させる一因となりました。娘が砂場の砂を口に入れてしまい、三週間も下痢と軟便が続きました。

息子の収まっていたアレルギーが再発しものすごくひどくなっていました。私が子どもたちを守らなくて誰が守るというのだ。

『もし避難をして、それが無駄で、将来、病気にならなかった子どもに「なんで無理やり避難させたんだ」って怒られても、それは「悪かった、ママがお前のことを愛していたからだ」と謝れる。だけど、子どもに健康被害が出た時に「なぜ、あの時に避難してくれなかったんだ」って言われたら……子どもに説明ができない。』

現代医学では病気と放射能の因果関係を立証することはできないそうですし、今後どのような被害が出ても政府は絶対認めず補償もしないでしょう。でも今移住すればそれを回避することはできる。そう思いました。

自分の目で見て考えてまわりの空気に流されず生きよう、そう考えられるようになった私は移住の準備に入りました。夫ははじめは渋っていましたが、仕事の区切りがついたら一緒に住むと腹を決めてくれました。まずは母子避難です。

今、未曾有の大震災と原発事故を経験したにもかかわらず、原発が動かなくても電力は十分足りているにも関わらず国を動かす大人達は、愚かにも、経済経済、原発再稼働、海外へ売り込めと騒ぎ立てています。

事故から三年、年を追うごとに原発事故の報道は少なくなっていきます。そのせいか私のまわりでも関心がなくなってきています。そして新しい「安全神話」を信じたがっているのです。誰かにもう大丈夫と言ってほしい、今の暮らしを失いたくない、もう落ち込むような話は聞きたくないのでしょう。

私が当初思っていたことと同じです。この便利で快適な暮らし、安定した収入、自分の頭で考えなくても誰かにやって欲しい。それは政府だったり政治家だったり、いや、テレビかもしれません。

しかし、私は気がついてしまった。それでは子どもを守ることが出来ないのだと。

時として心が乱れ、はらわたが煮えくり返る思いもしますがそれでも日々の暮らしをこなしていく。

今自分が強くなったと感じています、知識と怒りが私を変えたのです。

そして今、福島は私だと強く感じています。


三年たっても福島はのたうちまわっています。毎日、低賃金で危険な作業をさせられている三〇〇〇人もの原発作業員たち。呆然と豊饒の海を眺め続けるしかない漁民達。山菜や茸や自慢の野菜を孫に食べさせることもかなわなくなった農家の老人達。見捨てられ野原をさまよう牛の群れ。もはや放射能のほの字も口にしなくなって久しい福島市、郡山市の人々。同級生が急性白血病で亡くなり再びマスクをしだした中学生達。将来、結婚できるのか？ 健康なこどもが産めるのかと人知れず悩む女子高校生たち。

私たちはこの国から棄てられようとしています。私、笠井真弓は腹をくくってフクシマに寄り添っていきます。

私はもう後戻りはしない。誰かが言ってた「闘いは明るく楽しくしつっこく」「あきれ果てても諦めない」子どもの未来と福島を取り戻すまで。

「福島の祈り、ある母子避難の声」の一席、これをもって読み切りでございます。

【・初演＝二〇一三年九月二六日（木）本郷文化フォーラムで試演。決定版初演は二〇一四年三月八日「原発のない福島を！県民大集会」

付録

力声の出し方

はい、それでは次に滑舌と発声の練習です。これであなたも自分だけの力声《ちからごえ》を鍛えて頂けましたら幸いです。

さあ、香織倶楽部に入会したつもりで、これから一緒に「力声」をだしてみましょう。

◎まずは滑舌の練習です。「外郎売り」を覚えてもらうのが一番ですが、忙しい皆さん、覚えている暇がない、そこで簡単なやり方を思いつきました。

「あいうえお」が出来れば、だれでも上達します。

最初にゆっくり「あいうえお」。はいよく出来ました。

つぎは頭の訓練もいれて「い」から「う」からと出だしをずらして行きます。

大丈夫、自分を信じて脊髄反射で、はい、

あいうえお　いうえおあ　うえおあい　えおあいう　おあいうえ

かきくけこ　きくけこか　くけこかき　けこかきく　こかきくけ

さしすせそ　しすせそさ　すせそさし　せそさしす　そさしすせ

たちつてと　ちつてとた　つてとたち　てとたちつ　とたちつて

なにぬねの　にぬねのな　ぬねのなに　ねのなにぬ　のなにぬね
はひふへほ　ひふへほは　ふへほはひ　へほはひふ　ほはひふへ
まみむめも　みむめもま　むめもまみ　めもまみむ　もまみむめ
やいゆえよ　いゆえよや　ゆえよやい　えよやいゆ　よやいゆえ
らりるれろ　りるれろら　るれろらり　れろらりる　ろらりるれ
わゐうゑを　ゐうゑをわ　うゑをわゐ　ゑをわゐう　をわゐうゑ

はじめはゆっくりで結構です、慣れてくるにつれ出来るだけ一行を一息でいえるようにトライしてみてください。

毎日続けると滑舌が良くなるだけではなく、顔中の筋肉を使いますから、筋肉に張りが出て来て、ほうれい線が薄くなって、顔が若返ります。

本当かって？　私をみてくださいな（笑）。

◎次にリズムをつける練習です
北原白秋の「五十音」をとんとんと机を叩きながら、リズミカルに声に出してみます。

水馬《あめんぼ》赤いな　ア　イ　ウ　エ　オ
　浮藻《うきも》に　小蝦《こえび》も泳いでる

柿の木　栗の木　カ　キ　ク　ケ　コ
　啄木鳥《きつつき》　こつこつ　枯れ欅《けやき》

大角豆《ささげ》に　酢をかけ　サ　シ　ス　セ　ソ
　その魚《うお》　浅瀬で刺しました

立ちましょ　喇叭《らっぱ》で　タ　チ　ツ　テ　ト
　トテトテ　タッタと　飛び立った

蛞蝓《なめくじ》のろのろ　ナ　ニ　ヌ　ネ　ノ
　納戸《なんど》にぬめって　なに粘《ねば》る

鳩ポッポ　ほろほろ　ハ　ヒ　フ　ヘ　ホ
　日向《ひなた》のお部屋にゃ　笛を吹く

蝸牛《まいまい》　ネジ巻　マ　ミ　ム　メ　モ
　梅の実　落ちても　見もしまい

焼栗　ゆで栗　ヤ　イ　ユ　エ　ヨ
　山田に　灯《ひ》のつく　宵の家

雷鳥は　寒かろ　ラ　リ　ル　レ　ロ
　蓮花《れんげ》が咲いたら　瑠璃の鳥
わいわい　わっしょい　ワ　ヰ　ウ　ヱ　ヲ
　植木屋　井戸換《が》え　お祭りだ

何度も繰り返すうちに覚えます、ときどき忘れますが。
思い出すのも頭の訓練です。

さあ、滑舌もリズムも身につきました。後はプロローグに書いたように空に向かってのどの奥を開いて「あっ、あっ、あっ」と丹田から声をだしましょう。どうです。明るくて力強い声が出るようになったでしょう。それが本来の貴方の「力声」です。「力声」をさらに鍛えるために「継続は力なり」ぜひ続けてみてください。

エピローグ

最後までおつきあいくださりありがとうございます。

一月半ばにパソコンに向かい、講演の合間をぬってなんとかまとめ終えたのが桜が満開を迎えた三月末のこと。この一ヶ月半、いつもよりいろんな事件があり、国内の政治は驚くべきスピードでますます乱暴になってきたような気がしています。

思い起こせば記録的大雪に見舞われた二月九日投票の都知事選、選挙戦中は沈黙を守っていた大手メディアは投票日当日に「無駄な外出は控えてください」と連呼。結果は組織票で舛添氏が勝利しました。大手メディアはあらかじめのシナリオどおり脱原発候補は支持されなかったと総括。世論誘導しているおつもりのようです。しかし、大衆の熱気は街頭演説で分かるのです。間違いなく宇都宮健児さん、細川護熙さん両陣営はすごい熱気で盛り上がり、ま、田母神さんもそれなりに（笑）。舛添さんは閑古鳥が鳴いてまして、二人合わせると舛添氏の二一一万票に迫る一九四万票も獲得したのです。

脱原発候補は前回の二倍も支持を増やした、これはすごいことです。

安倍首相は知事選に勝つと早速「集団的自衛権」の行使を容認する発言。憲法はこういう方の暴走を防ぐためにあるにも関わらず「最高責任者は私」とまでのたまわった。そして、翌週の大雪、災害報道が第一のはずの公共放送はソチ・オリンピックを優先。救助が間にあわず二〇人以上の犠牲者が出てしまいました。二〇二〇年の東京オリンピックのとき、もし大災害に遭遇したとしたらどうなるか……ぞっとします。

また、二月末にはエネルギー基本計画案の中で原発をベースロード電源と位置付けし、原発再稼働を高らかに宣言、選挙の時の公約を堂々と破ったのです。

そして迎えた三回目の三月一一日。フクイチをとりまく環境は悪化の一途をたどっていてもはや手の打ちようがない状態があきらかになります。増え続け大洋投棄され続ける汚染水はすでに米国にも達している、一四万人もの人たちが避難生活を続ける中、被災地三県で復興住宅はわずか三パーセントしか完成していない、耐用年数をすぎた仮設住宅で大勢の方々が先が見えない生活に耐えている、住民同士の感情の軋轢はもう隠しようもなくなっている、こどもの甲状腺ガンはなんと七〇人以上も、等など。

それらは私は普段から把握している情報でしたが、帰還困難地区、浪江町赤宇木《あこうぎ》の農家で住民の男性が柳刃包丁で腹を切って亡くなったというドキュメント報道には激しい怒りを禁じえませんでした。

「あこうぎ」で「死」、この音が私に講談でおなじみの忠臣蔵を連想させたのです。

「忠臣蔵」で大石内蔵助の指揮のもと、赤穂義士たちはみごと浅野内匠頭の仇を討ち、「武士の鏡」と拍手喝采をあびます。しかし「情は情、法は法」とお上の裁きを受け、四七人はいさぎよく責任をとって切腹して果てます。赤字木で無念の自殺を遂げた男性。どれほど無念だったでしょうか……。

本来切腹すべき人物たちは誰も責任を取らず何食わぬ顔で暮らしています。昨年、他の電力会社が赤字にも関わらず、東電は電気料金を上げてボーナスも出して黒字になりました。何十万人もの古里を奪い人生を破壊して、子どもの健康を未来永劫にわたって阻害しても、誰も責任をとらないでゆるされているから、他の電力会社も原発再稼働を申請するのではないでしょうか。本当に腹を切れとは言いませんが、責任ははっきりとっていただかなければなりません。

3・11以降は、時に歴史をさかのぼり、戊辰戦争で薩長にボコボコにされ、今でも山口県出身の首相に翻弄され続け……と憤慨することの多い日々ですが、この本を読んでストンと腑に落ちた気がしています。大いに納得しているところです。高橋勝彦さんの『東北・蝦夷《えみし》の魂』（現代書館）から引用です。

「東北人の特徴として『喧嘩ができない』あるいは『喧嘩下手』というのがよく挙げられる。相手の気持ちをまず考えてしまうから、喧嘩ができない。怒るほうにも理屈があるだろうと考えてしまって、例えそれが殺人者でも、動機を理解してあげようとするようなところがある。

この気質は、優しさとか協調性とは、ちょっと違う。とにかく、相手を分かろうとする姿勢が強いということなのだ。自分の怒りは取りあえず脇に置いて、先に相手を理解してしまうから喧嘩にならない。相手の気持ちに思いを巡らせ、対応を考えているうちに、ボコボコにされてしまう。

けれども、この相手の気持ちをまず考えるということが、これからの世の中、そして世界で本当に必要なことだろうと思う。」

震災後、平泉は世界遺産に登録されます。あとがきで筆者はこう続けます。

「この喜ばしい結果となったのはすべてが大震災における被災地の人々の言動によるものだと私は思っている。

自分が苦境にありながら他者を案じる優しさ。ともに手を携える温かな心。苦難に無言で耐える強さ。上も下もない平等のまなざし。あらゆる生き物に対する愛情。それらがメディアを通じて全世界に伝えられた。岩手、宮城、福島、ことごとくが清衡の拵えた平泉文化圏の中にある。（中略）

かつて金色堂調査のおりに泰衡の首をおさめた桶の中からハスの種が発見され、それが八百年の時を乗り越えて花開いた。それと同様、今度の大震災が東北に生きる人々の胸に万人が平等で互いに励まし合って生きた清衡の時代の心を花開かせたのである。

私はもう政治など当てにしていない。この清衡が培った心さえあれば東北の民は自力で立ち上がる。東北の民は新たな理想国家を自身で築いていく——

虐げられたゆえに生まれる強さや優しさがある。それが東北の人々に中にある魂だ。私はいまこそ『東北人だ』と胸を張って言えるようになった。

ただ——

ここにきて案じられることもある。

東北人の立ち向かう強さが、後ろ向きの堪え忍ぶ強さの方に注がれつつあることだ。被災地の範囲があまりに広大過ぎて二年が経っても復興はままならない。沿岸部の光景はあの日のままに時間が止められている。政治など当てにしないと書いた私だが、それにしても、と思う。東北人の耐える強さがその絶望をなんとか希望に繋げているだけなのだ。

耐える強さが大切なのは、明るい未来あってこそのことである。

今日からは前に進む強さに変えていかなくてはならない。

明るい未来の設計図を頭に描いて、だ。」

長文の引用となりましたが、まったく同感です。

どんなに絶望的な状況でも智慧を絞れば明るい未来の設計図を描くことが出来るはずです。その設計図を旗印にして、立ち向かって行く、これを「革命」と言います。

豊臣秀吉の刀狩りによって大衆は武器を奪われ、以降、お上のいうまま税をしぼられ続けています。しかし、実は武器はだれもが一つずつ持っているのです。誰も奪うことのない武器。それが口でありその口から発せされる力声です。力声を鍛えて、一人一人が主人公となって「人が人らしく尊重されるまっとうな世の中」を作っていこうではありませんか。その為にこの本が少しでもお役に立てましたら芸人冥利につきるというものです。

最後に全国各地で講演に呼んでくれた皆々様、新作講談などに挑戦し、私をぐいぐい引っ張ってくれる香織倶楽部の皆様、私の立体講談を一緒に制作してくれている立木寅児さん、是安房雄さん、中村卓さん。前作『乱世を生き抜く語り口を持て』に続き、今回も遅筆の私を辛抱強く励ましてくれたインパクト出版会の深田卓さん、すてきなデザインで華を添えてくださった宗利淳一さんに心より感謝申し上げ、この辺で張り扇を置くことと致します。

『はだしのゲン』削除にもの申す

2023年

1

パパ～ンと叩いて十年後

二〇一三年から張り扇をパパ～ンと叩いて十年後。今は二〇二三年の夏です。コロナ禍で二〇二〇年からほとんどの仕事がつぎつぎキャンセルになり、霞を食べているような状況でしたが、二月一六日に広島市教育委員会が突然小学三年生の平和副教材『ひろしま平和ノート』から『はだしのゲン』を削除すると発表。驚くと同時に十年前の松江市教育委員会が図書館からこの漫画を排除しようとした事件が蘇りました。

これは黙ってはいられないと、すぐにSNSに怒りの声をあげました。

削除問題は大問題となり、私にも原稿依頼やTVラジオ出演の声がかかり出し、にわかに忙しくなりました（『文藝春秋』五月号巻頭随筆、『財界展望』佐高さんとの対談、ABEMATV、大阪の朝日放送ラジオ「おはようパーソナリティ小縣裕介です」にゲスト出演などなど）。

そんな中で、発行部数二五〇〇弱、ご近所づきあいの『食品と暮らしの安全』さんに「『はだしのゲン』削除にもの申す」というタイトルで三回に渡って寄稿した文章を紹介します。

2 『はだしのゲン』削除にもの申す

自らの被爆体験をもとに中沢啓治氏が力強く反戦反核を訴えた漫画『はだしのゲン』。核戦争の懸念が高まる今こそ読んで欲しい内容です。

SNSで憤りを発信

広島市教育委員会が『はだしのゲン』を小学生の平和教育教材から削除するという驚愕の第一報は二月一六日正午、ネットニュースで知りました。その理由は被爆の実態に迫りにくいというもので、一つは引用されている漫画が身重で病気の母に栄養をつけさせたいと池の鯉を盗むシーン。わけを聞いた家の主人が一匹持たせてくれる、ホロっとくるいいシーンですが、「盗み」は良くない、と。もう一つはゲンが浪曲を唸るシーンで「浪曲」について子供たちに説明するのが大変という、全く説得力のない説明でした。これは黙ってはいられないとすぐにSNSにあげた文章が以下のものです。多くの賛同を得ることができました。

「この度の広島市教育委員会の、平和教育から『はだしのゲン』を外すという報道には大変驚くと同時に憤りを感じております！

被爆の実態に迫りにくい、とのことですが、逆です。被爆の実態をリアルに表現、自分の身に起きたらと思うと、想像させる力がある漫画だからこそ、世界中で読まれているのです。ウクライナ戦争でロシアは核兵器の使用に言及した今だからこそ、ますます『はだしのゲン』は平和教育に欠かせないと思います。

浪曲の説明が大変？　浪曲は日本の三大大衆話芸の一つ、その時代の空気感がよくわかるし、なんならついでに講談についても子ども達に教えて欲しい、戦争を通じて大衆話芸や戦時中の食にも触れる、平和教育のテキストとして『はだしのゲン』は最適です。教育委員会には再考して欲しいです。」

多くの「いいね」をいただきました。補足すると戦時中は「笑うのは不謹慎」と落語は禁止、浪曲と講談は「爆弾三勇士」など戦意高揚の演目で結果的に軍部に協力したのでお咎めなし。そのあたりも子どもたちに教えてほしいところです。私は講談という説得力のある話芸が戦意高揚に利用されたのなら、その逆、戦争を避けるためにも使える、と確信しています。

『はだしのゲン』緊急講談会

たまたま広島県三次市にZoom講談教室の生徒、小武正教さん（昨夏、国葬反対の国会前集会で発言した三次市の西善寺の住職）がいらして、『はだしのゲン』を広島でやりたいと伝えたところ、とんとん拍子に話が進み、彼と「教科書問題を考える市民ネットワーク・ひろしま」が中心となり、削除撤回を求める電子署名とともに、緊急講談会を企画してくれました。こうした電光石火の働きで三月四日に弁護士会館ホールで緊急講談会緊開催の運びとなりほぼ満席の百二十人が参加してくれ、新聞、TVの取材も各社集まりました。

講談の後、被爆者の元高校教諭、豊永恵三郎さん（86）が登壇され、「戦争は教育から始まる」ときっぱり言われました。豊永さんは壇上から二度も私に「ありがとう」と言ってくださり、広島にきて良かったと心から思いました。続く意見交換も熱気をおび、教科書ネットが教育長に出した「ひろしま平和ノートから『はだしのゲン』削除しない事を求める要請書」が資料として配られ、「改訂会議として『はだしのゲン』を他の教材に差替えるという協議はされていないにも関わらず、第二回では岩田美穂さんの作品に替えた事を前提として協議がされており、代わりの教材が唐突に提案され、その検討が強引に進められているように見える。従ってこの改訂会議の不正な意思形成過程市民に対する背信行為だといわざるをえない」と結んでいます。

小学校の『はだしのゲン』、中学校の「第五福竜丸」削除のみならず高校でも中沢さんのインタビューが二ページから一ページに減らされ、被爆体験の部分が抜けてしまったとの報告がありました。

広島で一体何が起きているのでしょうか。五月にG7サミットを控えており、米国の言いなりになっている広島県選出の岸田首相に「忖度」しているのだとしたら、教育者としては最も恥ずべき判断だと言えます。一連の騒動について教育委員会のメンバーが「こんな騒ぎになるとは思わなかった」と発言しました。世界中の子どもだけでなく大人たちにも高い評価を得ているこの作品に対するリスペクトがないのは本当に残念です。

私と『はだしのゲン』の出会い

講談『はだしのゲン』は、サイパン玉砕の戦跡を見たのがきっかけで一九八六年八月八日に国立演芸場で産声をあげました。

私が舞台俳優を目指していた頃、発声法の勉強のために、二代目神田山陽師匠の元に通い始めたのが講談との出会いです。独特の力強い発声法を学ぶうち、一人芝居のように演じる楽しさに触れて、一年後には講談協会に所属し、前座修業に入ったのでした。三年間の修行を終え、プロとしてスタートする「二ツ目」に昇進した時、友人たちとサイパンへ遊びに行きました。バンザイクリフなど戦跡を観光する中で「戦争」をテーマに講談を作ろうと思い立ちます。帰国後に沖縄、広島、長崎と戦跡を巡り広島平和資料館の売店で漫画『はだしのゲン』と再会したのです。少年ジャンプにはだしのゲンが連載されてから今年で五〇年。連載開始と同時にこの漫画を見てドキドキした記憶が蘇りました。もう一度読み直そうと全巻買い求めて一気に読み、、戦争、原爆の悲劇を力強く元気に訴える作品はこれだ！と確信。当時新座市にお住まいだった中沢啓治氏宅を訪ね、上演の許可をいただいたのでした。初演を聞いた被爆者の方からは「自分たちは年老いていく、代わりに伝えて」と言っていただきました。以来、三七年語り続けています。

『はだしのゲン』を今に活かすには

ロシアのウクライナ侵攻開始から一年、おびただしい血が流され、家族は引き裂かれ…。その上、ロシアは核使用をちらつかせています。

一方で、トルコ、シリアを襲った大地震では五万人以上もの犠牲者が出てしまいました。天災と人災、せめて人災の戦争は我々の手で終えさせなければと強く思いますし、戦争に向かわせないために「新しい戦前」の今が踏ん張りどきだと思うのです。はじめるのは簡単だが、終えるのが難しいのが戦争。ウクライナの惨状はとても人ごとではありません。今はどう考えても、削除ではなく『はだしのゲン』を生かすときだと思うのです。

3 『はだしのゲン』削除にもの申す(2)

削除撤回を求める電子署名は5万5千筆も

三月四日の緊急講談会とほぼ同じ時期に始めた『はだしのゲン』削除撤回を求める電子署名は四日の段階でまだ三千筆ほどでした。それがSNSで拡散されて市教育委員会に提出した三月二二日には五万五千筆まで膨れ上がりました。

提出したその翌日、今度は日本会議を中心とした市民団体が「削除に賛成」の文書を市教育委員会に提出。一週間前の三月一六日にも同様の文書を提出していますので短期間に二度も提出したことになります。どうしても読ませたくないという強い意志があるようですが、『はだしのゲン』を読みたくない人は読まなければいいのであって、子どもに読ませたくないというのは教育を受ける権利の侵害ではないかと思います。

百十人が涙した大阪公演

大阪公演は『はだしのゲン』削除に対して、怒りを込めた抗議の声として、大阪の書店「隆祥館書店」二村知子店主が企画してくれました。二村さんは元シンクロナイズドスイミングの日本代表で家業の一三坪の書店を切り盛りしている方です。どんなに経営が苦しくてもヘイト本はおかず、自分が読みたい本、勧めたい本を取り揃え、また、作家とのトークの会も定期的に開催しています。

今回の講談とトークの会は大阪の朝日放送ラジオ「おはようパーソナリティ小縣裕介です」にゲスト出演し反響が大きかったこともあり、満席となりました。

会場のドーンセンターの客席には「教育と愛国」の監督斉加尚代さん、映画に出演した教師、平井美津子さん。「子ども脱ひばく裁判」の水戸喜代子さん、原爆絵本『おこりじぞう』の絵を描いた四國五郎さんの長男四國光さん、また、映画「はだしのゲン　涙の爆発」で隆太役を演じた方や、原発事故で福島から大阪に移住した、原発賠償関西訴訟原告団代表の森松明希子さんも来てくれました。

四月七日に毎日新聞大阪市内版に「『はだしのゲン』一一〇人涙」と見出しのついた記事が掲載されました。決してオーバーでなく、本当に皆さん、涙を拭いながら聞いてくださいました。

子どもたちにとってのゲン

アフタートークで二村さんはお孫さんとの『はだしのゲン』のエピソードを披露してくれました。小学二年生になるサッカー好きのお孫さんは、試合の時に歌うことがある「君が代」が好きでカラオケでも歌うほどだったそうです。その後、お孫さんは『はだしのゲン』を読み始めます。

ある日、久しぶりに一緒に食事した時、「『君が代』を歌うときは気をつけなあかんねん」とポツンと言い出し「なんでや」と聞くと、「天皇の命令で日本は朝鮮にひどいことをした。天皇陛下万歳と言って日本人がたくさん死んだ。だから『君が代』

はええ歌やけど、気をつけなあかんねん」と言ったそうです。小学二年の子が、です。

また、森松さんは「ゲンは原爆被爆に対する庶民の怒りを語っている。わたしたち避難者は国と東電に原発被曝の責任を追及している。原爆も原発も平和を奪った」と。子どもの頃から『はだしのゲン』が大好きだった森松さんは二人の子どもたちに『はだしのゲン』全巻を読ませています。その影響か、「おかしいことはおかしい」と言いつづける母を理解し、避難した当初いじめを受けても、「ああ、ゲンたちもこうだったんだな」と納得し、気にせずにたくましく育っているとのことです。この二例とも、ゲンの教育的効果と言えるのではないでしょうか。

サミット前にもう一度広島で

大阪公演の翌日の四月二日、たまたまTBSの報道特集の特任記者、金平茂紀さん、朝日新聞記者の青木美希さんと会う機会があり大阪公演の報告をしたところ、金平さんはこのままサミット開催を待つことに忸怩たる思いがあったようで、サミット直前に行動を起こそうという事になりました。早速緊急講談会の時の教科書ネットに連絡し、会場を押さえ、ゲストスピーカーに声をかけ、五月一七日午後六時から弁護士会館ホールで開催する運びとなりました。

金平さんが書いた緊急呼びかけ文を紹介します。

【5月19日から21日に、広島においてG7サミット（＝主要先進国首脳会議）が開催されます。日

本は議長国をつとめる役回りとなっています。歴史の皮肉なめぐりあわせでしょうか、世界の現状況を見渡せば、ウクライナでの戦争が長期化し、停戦・和平の見通しが見えないだけでなく、米中対立を背景に、東アジアでの安全保障環境の急変が、声高に叫ばれるような局面に開催されるのが、今回のG7サミットです。

そこでどのようなメッセージが「広島宣言」として世界に発出されることになるのでしょうか。何よりも先の戦争で実際に核兵器を使われた地・広島からのメッセージであることの意味を、私たちは考えざるを得ません。間違っても、広島から、戦争を激化させるようなメッセージが世界に向けて届けられていいはずはありません。広島に暮らし、平和を求める普通の市民の願いが反映されないメッセージが、この地から発出されてはなりません。

このような状況の下で、私たちは、G7サミットを間近にひかえた広島の地で、市民の平和への思いを再確認するとともに、G7サミットを単なる政治ショー、敢えて言えば「お祭り」にしてはならないという思いから、神田香織さんの講談『はだしのゲン』公演を参加者とともに再度実現し、平和教育の場における『はだしのゲン』削除問題の持つ意味を考えるとともに、いま、私たちはどのようなメッセージを世界に向けて発出すべきなのかを考えるG7直前広島イベントを開催したいと考えます。】

4 『はだしのゲン』削除にもの申す(3)

サミット直前イベント大入り

一七日のサミット直前イベントは、参加者が二〇〇人を超え大盛況でした。三月四日の緊急講談会から二ヶ月後の再演、会場も同じ弁護士会館、しかも、たまたま八月六日を思い起こすような夏日。ゲンに「がんばれ」って励まされているようでした。

金平茂紀さんの挨拶、青木美希さんの経過報告に続き、二〇分間の『はだしのゲン』ダイジェスト版から休憩なしでトークに入り、三時間もの長丁場！　ほとんど帰る人もなく、サミット直前ならではの熱い思いが結集した集会となりました。

元広島市長の平岡敬さん（95歳）は「一貫して戦争や核抑止を否定してきたヒロシマの立場を各国に伝え、核なき世界に向けた具体策を示すべきだ」と訴え、核兵器廃絶をめざすヒロシマの会の森滝春子さん（83歳）は「核被害に国境はない」「軍事支援ではなく、戦争を一刻も早く止める方策を議題に挙げてほしい」と発言。しかし、長年広島の地から核廃絶を訴えている二人の願いは残念ながら岸田首相には届きませんでした。ヒロシマの地から広島選出の首相が言うべきは「すべての核兵器廃絶」しかなかったはずです。

YouTubeに届いた熱いコメント

◉第一部の『はだしのゲン』を聞いたその沸き上がる思いが　二部のシンポジウムへつながっていって、本当にいい会になりました。皆さんの発言、大いに共感し、心強かったです。少数派である私も皆さんと繋がれて良かった。言いたいことをそのまま発言されたイベント、励まされました。私も勇気を持って抗い続けていきます。

◉貴重な機会をありがとうございました!!!　今、言える時代だからこそ声をあげる。後悔することがないように意識し続けます。

二日後には埼玉で

そして一九日には講談教室を開催している与野本町のカフェ、ギャラリー南風で『はだしのゲン』公演があり、定員を超える皆様の前で一七日の報告を入れて一席。『はだしのゲン』削除撤回を求めるキャンペーンは七月には盛岡市、三次市、江東区、八月には橿原市、九月には渋谷区、郡山市と続きます。

削除の理由は謎のまま

八月一〇日に放送されたNHKのクローズアップ現代「『はだしのゲン』はなぜ消えた」。どういう経緯で削除されたか、明らかにされるかと期待していたのですが、はっきりしたのは、検証会議では削除の話題は出なかったにも関わらず、それが教員以外のメンバーの改訂会議で、会長と思しき人物の発言により削除を決めたらしいということ。

その理由は「どんなところから見ても耐えうる教材」「どこからも批判されない方がよい」「全てに役立つものというのは何の役にも立たない」「使命をおびてつくり出す側はそういうところを排除していかねばならない」。

これらの理由は禅問答みたいで何を言いたいのか、私には理解不可能です。その会長と思しき人物は日本会議に属し、「高齢で記憶が曖昧だから」という理由でNHKの取材に応じませんでした。削除を決めたキーマンなんだから、それこそ「説明責任」を果たしていただきたいものです。

教育委員会の指導担当の方は「まわりの意見は全く耳に入れてない」「『はだしのゲン』があることで批判を受けているという声も聞いてない」というし…。いずれにしても、子どもの立場に立った発言はなく、すべて「曖昧」。それが浮き彫りになったのはよかったと思います。

子どもの立場に立って、『はだしのゲン』はやはり『平和ノート』に復活させるべきだと私は思います。

『はだしのゲン』は生きている

市教育委員会が削除を発表した段階ですでに『平和ノート』は印刷されており、新学期から新たな平和ノートでの授業が始まっています。しかし、図らずも『はだしのゲン』を削除しようとした勢力の思惑とは裏腹に、この騒動があってから、ゲンの人気は衰えるどころかますます読まれて、八月には以前の一五倍もの売上げを伸ばし、コンビニでも販売されるようになりました。軍拡増税に向かう政府に対する危機感も後押ししたのは言うまでもなく、孫や子にプレゼントする人も増えたそうです。『はだしのゲン』はこれからも人々の心に生き続け、時に励まし、力になってくれるに違いありません。

平和ノートへの復活を祈念し、『はだしのゲン』削除の顚末の一席、これを持って読み終わりでございます。

神田香織（かんだかおり）
福島県いわき市出身、東京演劇アンサンブル、渡辺プロダクションドラマ部を経て1980年二代目神田山陽門下生となる。
二ツ目以降ジャズ講談や一人芝居の要素を取り入れた神田香織独自の講談を次々発表、講談の新境地を切り開いている。
主な作品に「新版・はだしのゲン」「安寿と厨子王物語」、立体講談「磐城平藩主・安藤対馬守見参」、漢方復興講談「和田啓十郎伝」、立体講談「チェルノブイリの祈り」、防災講談「稲むらの火・浜口梧陵伝」「杢坂の由来」、JAZZ講談「ビリー・ホリディ物語」、「国鉄労働者（ぽっぽや）義士伝」「常磐炭礦余聞―フラガール物語」「哀しみの母子像」「沖縄戦―ある母の肖像」など
◆2007年から講談教室　講談サロン「香織倶楽部」主宰。各地で「話し方」「講談教室」を開催
◆著書
『女医・レニヤの物語』主婦の友社、1990年
『花も嵐も、講釈師が語ります。』七つ森書館、2005年
『乱世を生き抜く語り口を持て』インパクト出版会、2010年
『3・11後を生き抜く力声を持て』インパクト出版会、2014年（本書の元版）
◆公演・講演会に関するお問い合わせ
オフィスパパン　papan@ppn.co.jp
公演予定はこちらの日程表をご覧ください。https://www.papan.website

3・11後を生き抜く力声《ちからごえ》を持て　増補新版

2023年11月10日　第1刷発行

著　者　神　田　香　織

発行人　川　満　昭　広
装幀者　宗　利　淳　一
発　行　インパクト出版会
〒113-0033　東京都文京区本郷2-5-11　服部ビル2F
Tel 03-3818-7576　Fax 03-3818-8676
E-mail：impact@jca.apc.org
http://impact-shuppankai.com/
郵便振替　00110-9-83148

印刷・製本　モリモト印刷株式会社